殷虛卜辭後編考釋

丙申 范曾題

曾毅公 編著

殷虛卜辭後編考釋

稿本

文物出版社

題　　簽　范　曾

責任編輯　李縉雲
封面設計　劉　遠
責任印製　张　麗
特約校對　劉良函

圖書在版編目（CIP）數據

殷虛卜辭后編考釋 / 曾毅公編著. -- 北京：文物出版社, 2016.8

ISBN 978-7-5010-4673-7

Ⅰ. ①殷… Ⅱ. ①曾… Ⅲ. ①甲骨文—研究—中國—商代②占卜—研究—中國—商代 Ⅳ. ①K877.14②B992.2

中國版本圖書館CIP數據核字（2016）第184959號

殷虛卜辭後編考釋 稿本

曾毅公　編著

出版發行　文物出版社
社址　北京市東直門内北小街2號樓
郵編　一〇〇〇〇七
網址　http://www.wenwu.com
郵箱　web@wenwu.com
製版　北京華藝創世印刷設計有限公司
印刷　煤炭工業出版社印刷廠
開本　十六
印張　一一·五
版次　二〇一六年八月第一版
印次　二〇一六年八月第一次印刷
書號　ISBN 978-7-5010-4673-7
定價　一二〇圓

目録

讀《殷虛卜辭後編考釋》

承蒙文物出版社幫助，我有緣看到曾毅公先生手寫的《殷虛卜辭後編考釋》書稿，再三繹讀，感到十分驚詫，因為幾十年來，學術界從未知道這部書稿的存在。書稿的出現，對於甲骨學史的研究有着相當重要的價值。

書稿中署名的明義士和曾毅（即曾毅公），都是有名的甲骨學家。加拿大漢學家James Mellon Menzies（一八八五～一九五七），漢名明義士，字子宜，畢業於多倫多大學，後習神學，一九一〇年來華傳教，駐安陽。一九一四年，到殷虛小屯考察，開始收藏和研究甲骨。一九一七年，出版《殷虛卜辭》。一九二七年，到北平華北聯合語言學校授課。一九三二年，任教於齊魯大學，有《甲骨研究》講義。到一九三六年回加休假，但因中國抗日戰爭爆發，未能再返齊魯。他的生平事迹，詳見方輝《明義士和他的藏品》（山東大學出版社，二〇〇〇年）一書。

曾毅公（一九〇三～一九九一）本名毅，號喆厂，北京香山人，係滿族，是明義士在華北聯合語言學校與齊魯大學期間的助手和學生，建國後任職於北京圖書館金石部。在甲骨學方面，著有《甲骨叕存》、《甲骨地名通檢》、《殷虛書契續編校記》、《甲骨綴合編》等。一九五二至一九五三年，我曾同他一起在中國科學院考古研究所參加《殷虛文字綴合》的工作，然而不知道他有《殷虛卜辭後編考釋》這一書稿。

現今所見書稿，卷首有《殷虛卜辭後編序》，署名「明義士著，曾毅譯」；序後有一段跋語，署名「毅記」；再後則是《考釋》主體，署名「明義士編次，曾毅釋文」。這些內容有不少值得研討之處，以下據我個人理解，試作一些討論，希望對讀者有所裨益。

（一）關於「序」

應當說明，這篇《殷虛卜辭後編序》本來是明義士為自己所編著錄《殷虛卜辭後編》寫的，而且似未定稿。曾毅公先生將之移用到《殷虛卜辭後編考釋》卷首，是因為序的內容與《考釋》密切相關，不可缺少。

熟悉甲骨學史的都知道，《殷虛卜辭後編》這部非常重要的甲骨著錄，明義士雖早編就，在其生前却一直未能付印問世。如今我們所見臺灣藝文印書館一九七二年出版的《殷虛卜辭後編》，乃是許進雄先生以加拿大皇家安大略博物館所藏拓本，重新編排印行的。其甲骨編號與明義士原作不同，也沒有明義士這一序稿。

陳夢家先生在他一九五六年出版的《殷虛卜辭綜述》（科學出版社）裏，有一處提到明義士這篇「未完成的敘言」（第一三五頁），他無疑是在曾毅公先生處見到的。我五十年代初於曾先生處讀到的序稿，是寫在幾頁白紙上的。當時我將之抄寫在一個筆記本上，幸能在「文革」中保存下來，一九八一年在拙文《小屯南地甲骨與甲骨分期》（《文物》一九八一年第五期）中發表。

以我轉抄的序稿與《殷虛卜辭後編考釋》的序文對校，由開首「一坑之集合」到「丙屜七」，無一字之差。然而書稿的序在「丙屜七」後面還有一小段講「甲屜二」文字特點，摹錄了很多字形，我以前所見紙本則沒有，衹有亂抄的若干字形可見。

（二）關於「跋」

書稿在序的後面，有曾毅公先生補寫的一段跋語，其間包含著許多有關這部書稿的信息，是大家一定會關心的。由於跋語字迹較草，下面逐句疏解，以便讀者。

「《殷虛卜辭後編》釋文，為十七年戊辰拓工劉殿臣及裝訂手左某粘貼後，明義士以一分贈馬叔平先生，一分贈容希白先生，一分贈余。」

「十七年戊辰」是民國十七年，公元一九二八年。《殷虛卜辭後編》甲骨的墨拓工作，是明義士一九二七年到華北聯合語言學校後進行的。至此拓製完畢，分贈馬衡、容庚及曾毅公各一份。

「此釋文則十九年暑假中自安陽歸平后，就拓前明所作說明，請佟桂華兄助譯出，忽忽十數年矣。」

民國十九年係公元一九三〇年，曾毅公先生的《殷虛卜辭後編》釋文作於此時。「明所作說明」應即跋語前面的序，是明義士在墨拓前所撰，用的是英文，故須翻譯。由「忽忽十數年矣」句，可推測跋語題於四十年代建國以前。

「明于廿五年歸國前，將拓本索回，又贈余《前編》一部。」

民國廿五年係公元一九三六年，明義士索回曾毅公先生那份《後編》拓本。《前編》指上海出版的《殷虛卜辭》一書。

「予所（此處漏寫一字）《殷虛卜辭彙編》則據此釋文，而所集索引卡片則久已散失。」

查《明義士和他的藏品》所附曾毅公致明義士的幾封信，跋語此處說的《殷虛卜辭彙編》大約是曾先生在編著的一種依《說文》部首和分卷的甲骨文字編。不過幾封信内字編的標題都不同，一九三七年一信稱《殷虛卜辭彙考》，又一信稱《殷虛卜辭類考》，一九三九年的信則稱《殷虛卜辭彙纂》，且云到一九三七年夏，已寫至十二卷上，有卡片一千餘張。一九三六年明義士索回拓本後，曾毅公這項工作就祇能依據自己過去的釋文了。

「《後編》編號自二三七〇起，至三三八一止，此册乃村中張學獻菜園一坑所出。」

明義士《甲骨研究》（齊魯書社，一九九六年）云一九二四年「小屯人打牆，發現一坑甲骨，為余所得」（第二〇頁），與此可相參照，而跋語所記地點更為詳細。

（三）關於「考釋」

前面已說到，《殷虛卜辭後編考釋》的主體部分的署名是「明義士編次，曾毅釋文」，那么他們二人在其中各自居於怎樣的地位，起了怎樣的作用？

所謂「編次」，我認為意思便是整理排定《後編》各片的次第，給予編號。明義士在這方面做的工作，已充分體現在書稿卷首的序中。他根據卜骨原件，進行觀察分析，特別是做了現在我們叫做分期斷代的研究。明義士這方面的成果，對後來甲骨分期系統的討論有重要影響，我在二〇〇八年有《明義士對一坑卜骨的整理》一文（《社會科學戰線》二〇〇八年第九期，又收入《通向文明之路》，商務印書館，二〇一〇年）專門論述，請讀者參看，這裏不再重複。

至於《考釋》中的卜辭釋文，應當都出自曾毅公先生之手。他逐片寫錄了《後編》卜辭，還附加了多處研究性的注解，表達出自己的意見。

例如書稿三〇五一片是我們今天講的歷組卜辭，有「汅」即「河」字。曾毅公先生的注解先引羅振玉釋之為「匕（妣）乙」的誤說，然後自釋作「禹」字，冠以「毅案」。又如書稿三二八四片（《甲骨研究》引作三二七九）是今天講的無名組卜辭，有「子癸」，書稿注解云：「子癸，人名。明義士曰：『子癸即兄癸，為武乙之兄弟行，參閱《殷虛書契後編》卷上第七頁。』毅案：武乙之兄弟行，史書之紀載無名癸者，必未及位而殂，故史缺書。」明確將明義士放到被徵引的位置。由此推論，《考釋》釋文確係曾毅公先生所撰作，然而那時他是明義士的助手，其間也必多受影響，這恐怕是無疑的。將來若能有機會把這一書稿的釋文注解，與明義士《甲骨研究》中的《後編》各片釋讀，一一對勘比較，將是一項有意義的工作。

李學勤

二〇一六年端午

殷虛卜辭後編序

明義士 著

曾毅 譯

一坑之集合

此屆之整理，先分二部分。一部為田獵、游行之事，一部為祭祀之事。此卷之所著錄者，則為關於祭祀部分者也。

此一部分之已整理者，按時代之先後區之為二、即甲屉與丙屉是也。其殘餘不聯續之卜文加在小四方孔中。

此句意不知何指

甲屉二。（三〇五一——三〇七六）武丁時。

武丁稱小乙為父乙，母為母庚，羊甲為父甲，般庚為父庚；小辛為父辛。此屉諸骨，為武丁後半期所卜者。此時代以前之字體，在獸骨重要部分所得者在一二集中。

甲屉三（三〇七七—三〇九五）

與甲屉二同，但無直接提及父乙及字形之整理。

甲歷四（三〇九六—三一二六）

與甲歷二及三同。

甲歷五（三一二七—三一四五）

祖庚稱武丁為父丁。

一在此時代中之獸骨未有稱祖己如兄己者。其

字形體為大小乙之所以稱小乙者，乃其孫之所

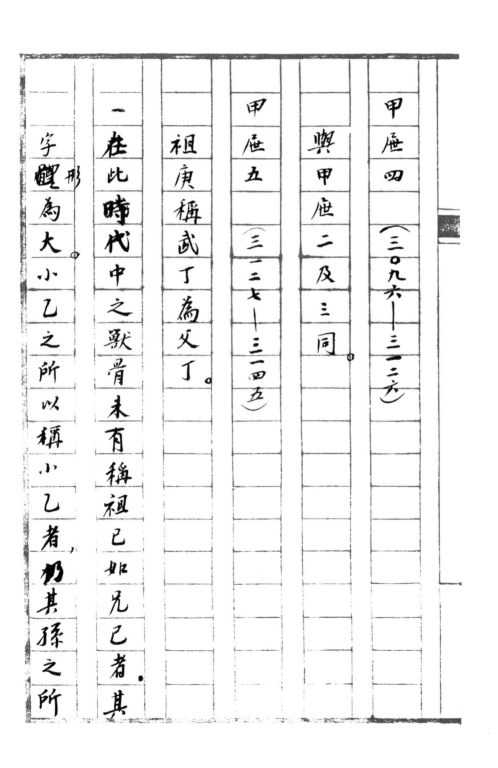

稱，因其先祖中已有祖乙之稱在祖廟中也。

予曾以長時間，疑此大字諸獸骨，或屬於般庚小辛及小乙之時代，彼等之稱及祖丁。但此骨之有父丁及小乙者較之，可決屬於祖庚時代。

甲屆六（三二四六——三一六二）

與甲屆五同時，並不在祖庚時代以前，且無祖甲時天命字體之特點，其爲字形大而粗草。

甲屈七（三六二—三一八七）

與甲屈五六同。

丙屈一（三一八九—三二一九）

仝上

丙屈二（三二二〇—三二三九）

祖甲稱武丁為父丁。孝己為兄己、祖庚為兄庚。

比時代之字體、變為小而細整，尤以立[illegible]等字、特用一種橫筆。

丙　歷三　（三二四〇—三二六三）　祖甲時

丙　歷四　（三三六四—三三九三）　康祖丁時

丙　歷五　（三二九四—三三五九）　仝上

丙屜六　（三三三〇—三三五四）　武祖乙時

丙屜七　（三三五五—三三八二）　仝上

甲歷二（三〇五一—三〇七六）

此種字體，在父乙時期以前，乃武丁時代之物

以上諸字，已見于鐵雲藏龜，殷虛卜辭前編中。

此卷諸字，並非最初時代之字形，乃武丁後期始有者。

區別父乙時代之字，後期者如太曾米（前期則作米）

弟（前期作弟，下同此）万（万作）[illegible]（[illegible]作）88由[illegible]丙等形。

人名之特別者，如：[illegible]，[illegible]，[illegible]，[illegible]，太[illegible]，[illegible]，[illegible]，[illegible]，自

[illegible]疑祭字，五十頁

丑，臣，均非人名。

乙，五丁，出南，[illegible]丑，臣等。

參閲殷虛書契後編卷上第七葉五片之米

※

殷虛卜辭後編釋文，爲十九年戊辰振玉劉鐵臣及嘗訂手左募粘貼後，明義士以一分贈與翔平先生，一分贈容希白先生，一分贈余，此釋文則十九年暑假中自安陽归平后，就拓本、明所作說明請陸桂華兄助譯出。忽忽數年，失明于廿五年前，归國後特拓本寄回，又贈余前編一部，予所殷虛卜辭彙編則據此釋文。而所集寄引卡片凡久已散失。後編編號自2370起，至3381止。此冊乃屯村中張學獻菜園一坑所出。

翰記

殷虛卜辭後編考釋

明 義士 類次

曾毅 釋文

三〇五一 甲 癸巳囗又于伊尹牛五

乙 兹用

丙 癸巳卜又于[illegible]

丁. 不用

戊. 癸巳卜又于[illegible]

[illegible]羅雪堂振玉釋乜乙穀案[illegible]與啟蜜書契後編之[illegible]卷上第廿頁之十 卷下第卅三頁之七 [illegible]卷上第九頁之八 [illegible]卷上廿四頁之十 [illegible]卷上十五頁之四 [illegible]仝上及卅三頁之六廿四頁之八 [illegible]卷上 卷下 [illegible]卷下第七頁之七四十三頁之一等爲一字疑爲堯舜禹之禹字

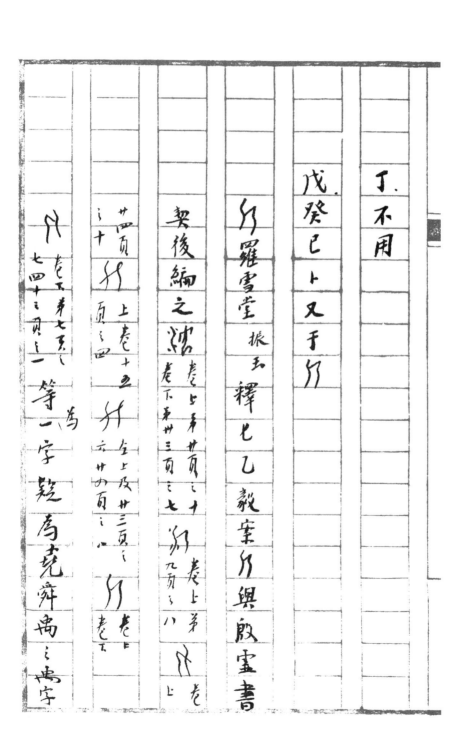

乙、癸巳卜又于王亥

癸巳之祭于伊尹也用五牛于卜辭旁

附利兹用（是）用五牛也于告于𠂤于王亥

此用牲之辭且于旁注不用是不用牲

也

庚乙未卜又夕匡于父乙三牛

二

辛、兹用

壬、癸巳卜又于〼

癸、辛丑

丑貞〼〼叀〼𠂤〼

子〼〼叀朿人𠂤〼

丑〼〼日多射𠂤〼

三〇五二

甲庚申卜叀父乙〼用幺用

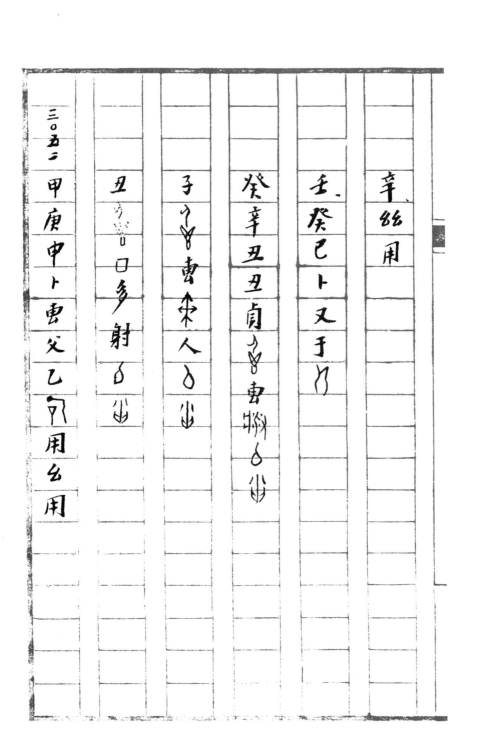

茲用之茲作8

乙．庚申卜[illegible]庚示蜀不用

[illegible]乃母之或體

丙．庚口卜用口口口

丁．弜用人不伐

戊壬戌卜又伐七山犬徝

三

乙　癸亥卜于　乙亥

本条卜辭于于下未刊先王乙亥下末

刊用牲之數

庚、丙寅卜翌丁卯又伐

丙寅下以他辭例之奪卜字

三〇五三甲　癸缺又缺

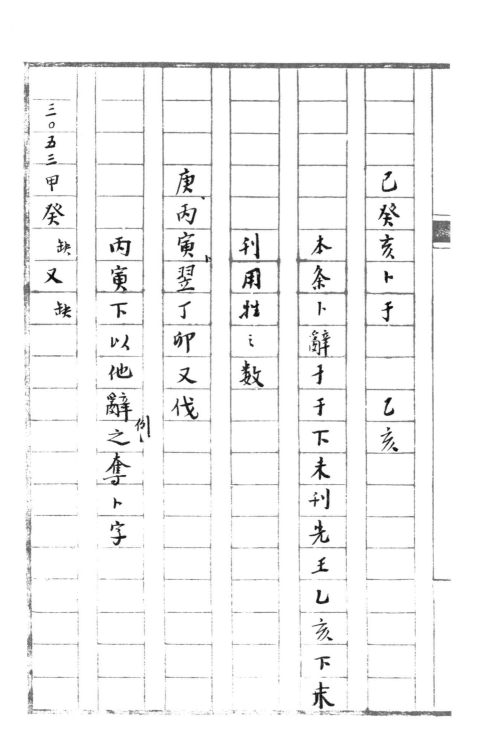

?

乙 癸酉卜又伐五示

[illegible]伐字

丙 [illegible]又

[illegible]疑亦祭字

丁 [illegible]若

[illegible]

四

戊甲戌卜又于父乙一牛

乙缺宰

三〇五四 甲、其陟于大乙且乙

乙、丁卯貞王其角毌尞三宰卯口口牢

丙戌辰貞酒以匚乙亥用

毌毌冊字非玨朋字尞字繁文

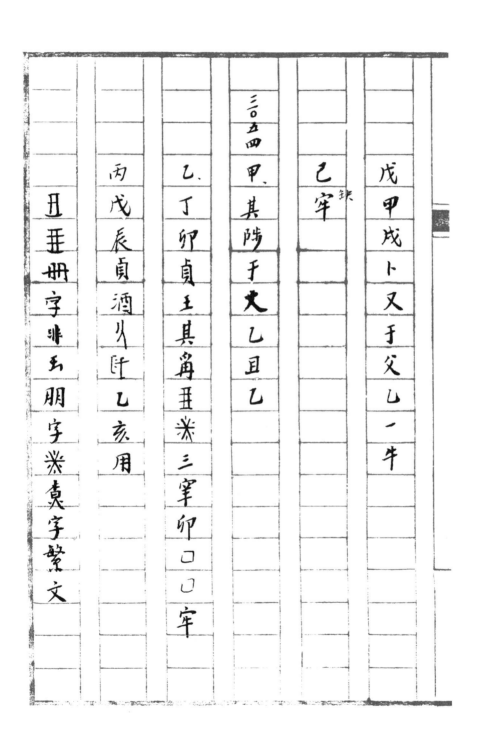

三〇五五 甲丁卯貞王其爯冊[illegible]賓三宰卯三大牢于 缺

乙、丝用

丙、用又父乙

三〇五六 甲乙 缺 方出 缺 于大甲且 缺 單

乙 乙巳貞于尹告牛

丙□年貞其卯于 示

五

于下示上未刊何字

三〇五七 鉄 于父乙

三〇五八 丁未卜牛毋庚

毋作[illegible]

三〇五九甲 丁卯卜戊辰[illegible]昌

昌从雙日疑昌字漢洗文作昌與此同

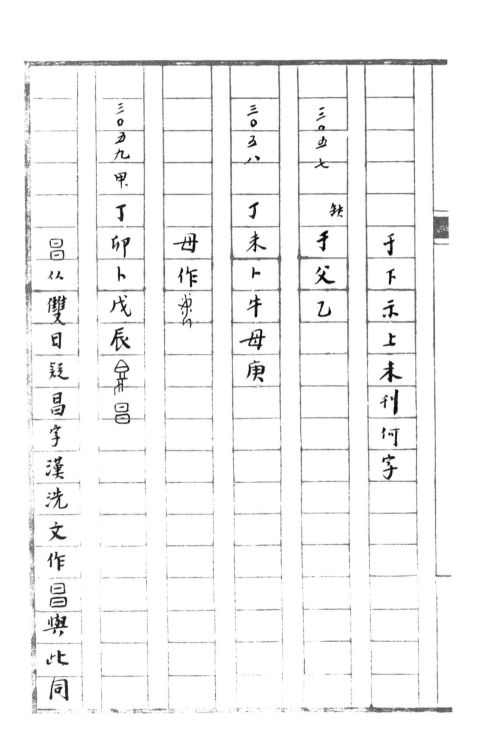

乙茲用

丙弜[illegible]昌其征

丁、丁卯缺异缺于缺口缺

戊叀白[illegible]

[illegible]从来从林，疑麥之或體或黍字

三〇六〇 甲、其受之又

六

石受之又

三〇六一　甲丁卯未缺王缺乘缺于且乙缺

乙□□貞王其令𦣠乘歸其告于且乙二牛

𦣠即𦣠字殷虛書契前編卷七第三頁

之𦣠與此同𦣠乘人名

丙

癸亥貞□方□牛其彝于來甲申

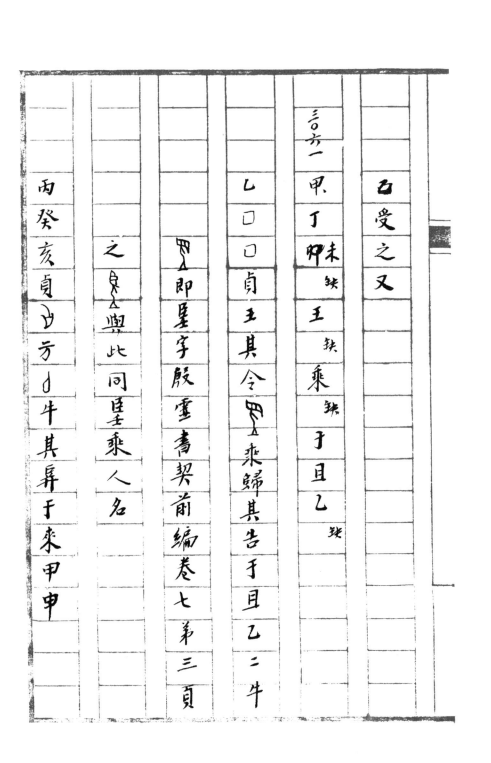

∂牛未詳

丁　乙卯貞又彳伐于伊

戊　乙卯貞卯

己　缺　其自上甲

三〇六二　甲沈三口

乙沈三牛

丙
其[illegible]告

丁
其[illegible]告

戊
戊戌貞[illegible]異隹其亡[illegible]攸

己
缺
貞
缺
[illegible]
缺
[illegible]
缺

三〇六三
甲
甲寅自耳乙[illegible]

乙、
丁巳小雨不祉

丙戊午貞戠多[illegible][illegible][illegible]自上甲

[illegible]　戠疑亦祭字省肉

丁甲子貞又伐于上甲羊一大乙羊一大甲

羊自

羊[illegible]（作）羊之一種[illegible]疑石羊即今之山

羊歟[illegible]疑糸羊即今之綿羊歟

八

戊、丙寅貞王又彳匚于且乙宰牛

三〇六四 甲、庚申卜乙亥伐

伐作扗

乙甲寅卜立中

丙癸亥卜自上甲祭又伐

祭作[illegible]

丁、丁未卜又五牢大乙

戊、戊缺又三牢大乙

三〇六五 甲丁缺其米口于大甲

乙己未貞

丙己未貞叀

三〇六七 丙申缺中丁缺

九

三〇六八

甲、甲申又貞匚缺

乙 庚寅缺貞又土燎大缺

丙 庚寅卜缺

三〇六九

缺巳卜貞王賓珍缺

乙王族在且乙宗

三〇七〇

甲 乚缺臣缺

乙、乙巳貞丩臣叀劦冓

彡非彤日之彤字疑从三力其劦字乎

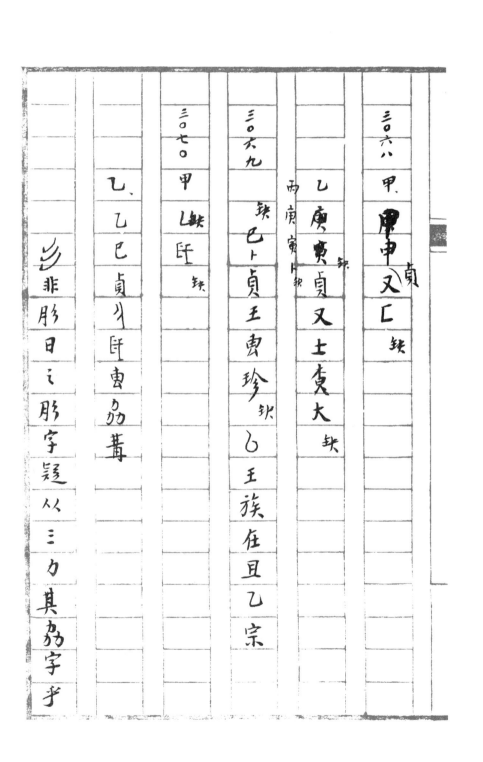

丙

丁未貞彡臣于[illegible]冓

[illegible]亦祭字省示

丁缺貞缺臣于缺冓

三〇七一

甲、子且乙缺彡[illegible]未缺羊

乙、缺白缺口异

三〇七二

甲

丙寅缺戠來缺告口缺用于缺

乙、丙寅貞叀亻[illegible]羊罘[illegible]于𢆶示用

丙（缺）貞（缺）來告（缺）羊其（缺）用自上甲

三〇七三

甲甲申貞（缺）

乙叀羊

丙（缺）貞（缺）米年（缺）

丁、虎

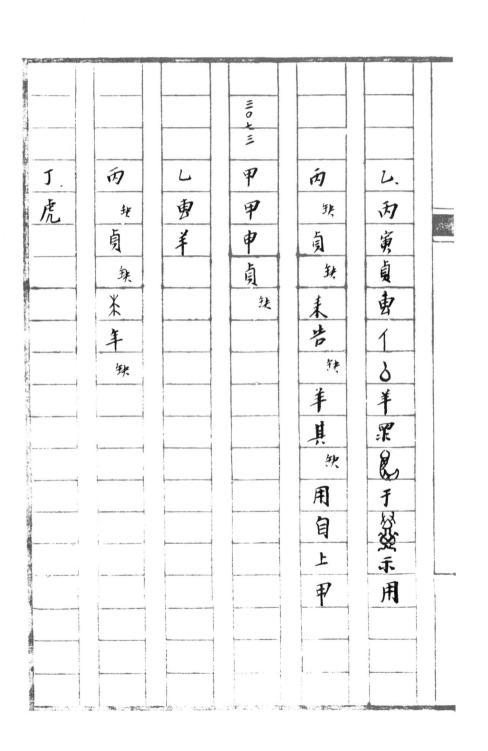

三〇七四

缺其又〔丁〕缺于且乙[illegible]

三〇七五

甲口未缺又[illegible]缺乙大缺

乙、缺乙巳缺且缺十牢

三〇七六

甲、缺丁未缺[illegible][illegible]

乙缺口牛

三〇七七

甲丁亥貞既告口口王亥

十一

乙、丝用

丙、癸巳貞𠭯甲午酒卯于上甲

丁、癸巳貞于乙未酒高且王亥匚卯于 缺

三〇七八 甲 乙酉貞王其令𢆶口 缺 从魚大白公[illegible]出

王史口 缺

乙 缺 貞大卸其陟于高且口亥[illegible]亯

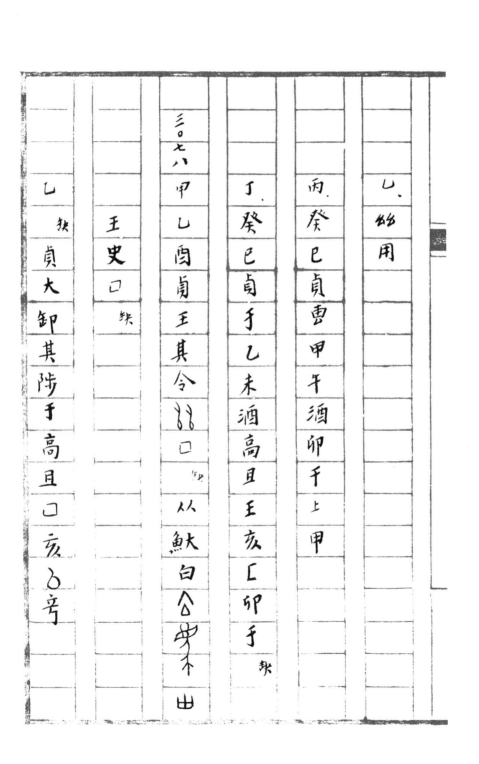

三○七九 甲口巳貞其于上甲冓 缺

乙貞辛亥其又匚于口

丙 缺 其又匚于 缺

三○八○ 癸亥貞甲子于上甲三物

三○八一 缺 酒高且亥匚 缺

三○八二 甲巳亥貞其令[illegible] 缺

乙、缺貞又匚于伊尹

三〇八三 甲、己亥貞其令缺

乙、口申貞又匚于伊缺

三〇四 甲、庚午

五

乙、辛卯卜㱿丁卯

丙口口卜㱿宗卯中

三〇八五
缺 子貞又丩 缺

三〇八六
缺 高且賁世 缺 口又五

三〇八七
缺 旺于且乙大牢

三〇八八
缺 于大乙 缺

三〇八九
ㄋ上甲𠦪三牛

𠦪此處即是山海經之毛牷用一羊 西山經

十三

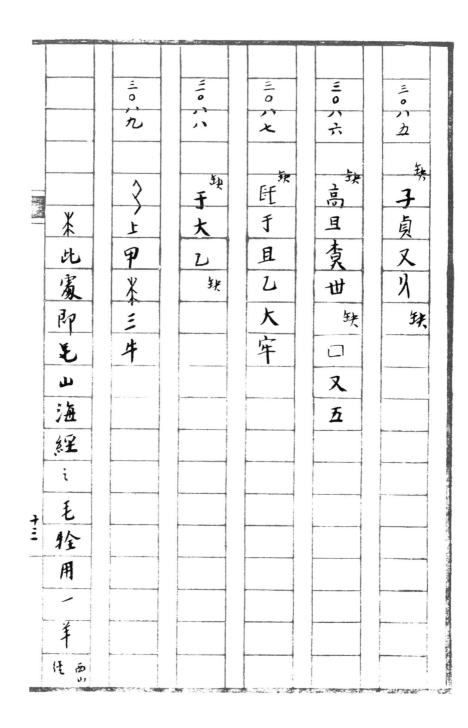

毛ㄋ疑弘字

三〇九〇 甲．□丑貞于[illegible]

乙 缺 告于上甲三牛甲午酒□ 缺 三羊

三〇九一 甲．庚辰□又彳 缺 于上甲五 缺 十小牢

乙．庚辰卜又彳伐于上甲三羊九小牢

三〇九二 甲 戊 缺 [illegible]医[illegible][illegible]

乙缺上甲

三〇九三 甲缺一牛缺大甲缺一牛兹缺

乙其出

三〇九四 缺口十五羊

三〇九五 叀乙缺

三〇九六 甲缺丑缺

十四

乙缺日其㞢伊丁人

丙缺貞來丁丑又匕于伊示

丁缺貞于乙亥缺伊丁人

三〇九七

甲缺桒來于示壬

乙戊戌貞其桒禾于示壬

丙戊戌貞其桒禾于示壬

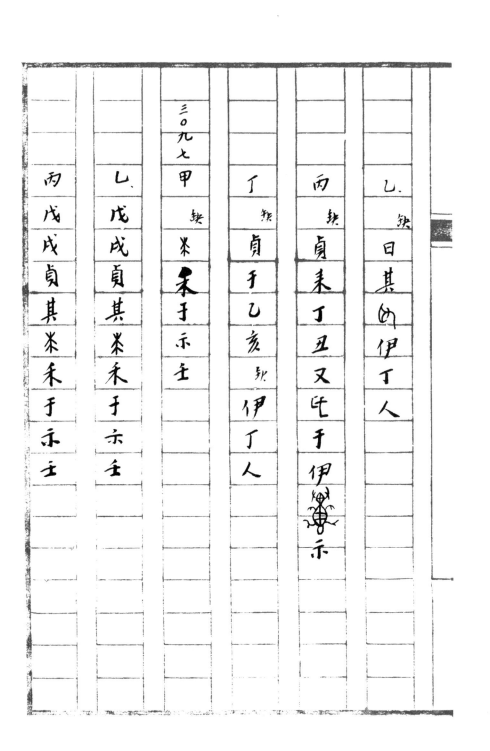

丁、貞其桒禾于[illegible]

戊壬寅貞其桒禾于岳夒 缺

己、壬寅貞其桒禾于岳夒三牛

庚 缺 其桒禾于[illegible]夒小宰卯牛

辛 缺 于岳雨

三○九八 甲丁卯貞辛

十五

乙

壬申貞其𠦪雨一羊

丙

癸酉卜其[illegible][illegible]雨

丁

甲戌卜其𠦪雨于伊奭

戊 缺

且□雨

三〇九九

甲、

乙 缺

乙、

乙巳貞叀[illegible][illegible]方

丙庚戌貞𠦪禾于示壬

丁癸丑貞[illegible]𠦪禾于[illegible]

戊口丑貞[illegible]口禾口高且口

三一〇

甲乙酉卜帝伐自上甲

乙丁酉卜五示十羊又五

丙不用

十六

丁口子卜口仲

三一〇一 辛酉卜上甲[illegible]曹犬

三一〇二 甲壬于南門逆羊 缺

乙 缺 于癸亥 缺 示先 缺 六羊六 缺 羊

三一〇三 甲口 缺 貞 缺 𠂤 缺

乙 辛未貞王令𠂤伐于[illegible]

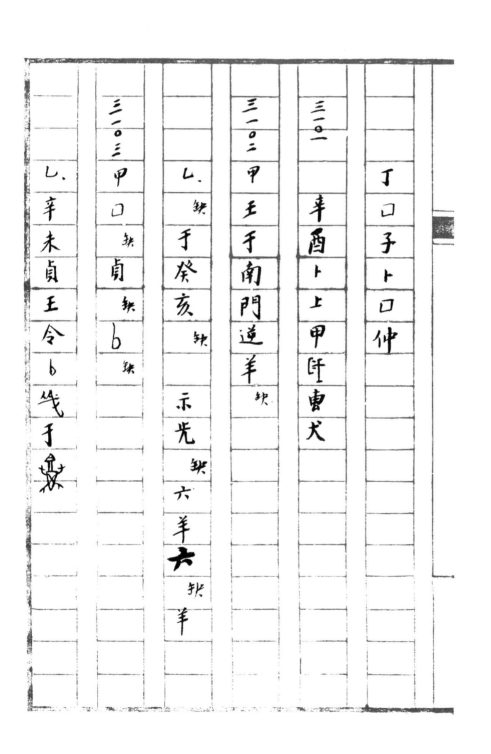

丙　辛未貞冓卜[illegible]射于𦣻

丁　辛未貞壴卜止

三〇四　甲　丁未貞桒禾于𡶹賁三小宰卯三牛

乙　丁未貞桒禾自上甲六示牛小示[illegible]羊

丙　口酉卜其斤

三〇五　甲　缺　桒禾　缺

十七

乙 辛巳貞酒𠦪禾于示壬

丙 甲申卜又伊尹五示

三〇六 己未卜之于且□三宰之白犬

三〇七 甲 缺 來丁未 缺 [illegible]于且乙

乙 缺 于伊叀丁酉

三〇八 甲 丙辰貞酒肜于 缺

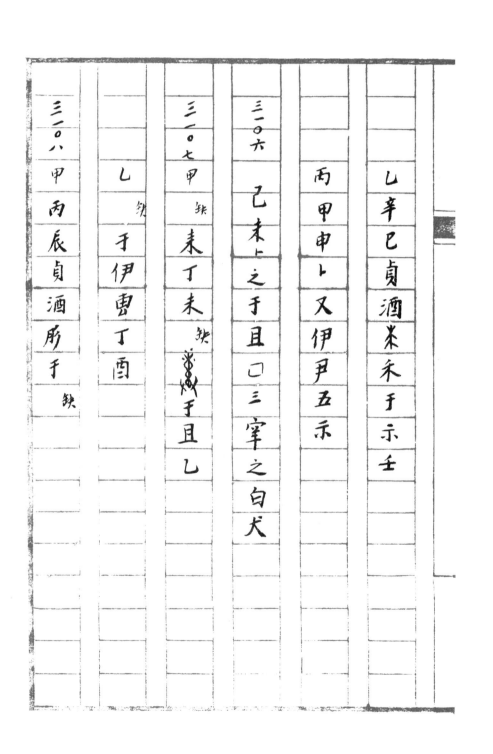

乙
酒作[illegible]

乙、乙丑貞其 鈌
罙口 鈌

丙、乙亥其[illegible]自且乙至彡口 鈌

丁、㕚弓

三一〇九
甲、壬申卜貞于[illegible]雨

乙、辛未卜貞于[illegible]口于米

六

丙□申卜□四Δ丁宗

Δ乃且之簡文

三一〇

甲、庚辰貞其㞢乎[illegible]示

乙、庚辰貞其 缺

丙、癸巳貞 缺

三一一

甲、壬 缺 其[illegible]告[illegible]于 缺

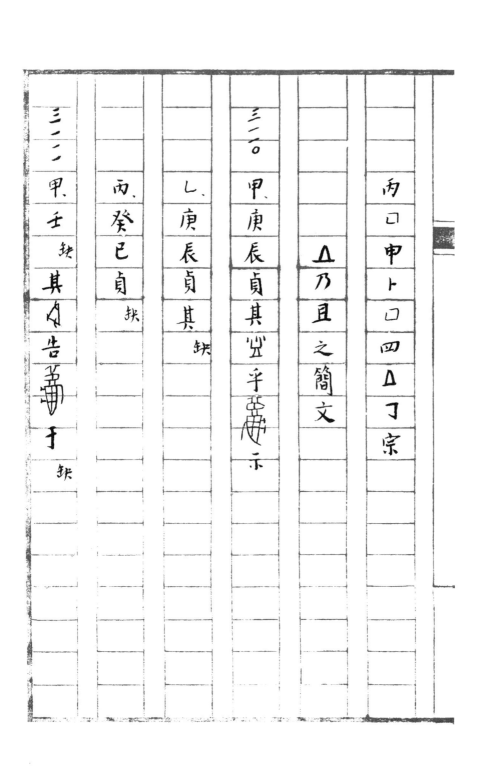

乙弜[羊冊]（吉）于上甲

丙壬子貞芇米帝[羊冊]

丁弜芇米帝[羊冊]

三一一二 甲、己卯貞令獲 缺

乙、缺 貞又𢦏叀 缺

三一一三 于龜示又

十九

三一四 缺其[illegible]告[illegible]缺

三一五 乙卯貞𠂇伐[illegible]示五羊三牢

三一六 甲辛卯貞[illegible]匕壬癸

乙 辛卯貞酒𠂇𦣞匕壬癸

三一七 甲庚缺又口缺

乙 丙辰卜又㞋高匕丙

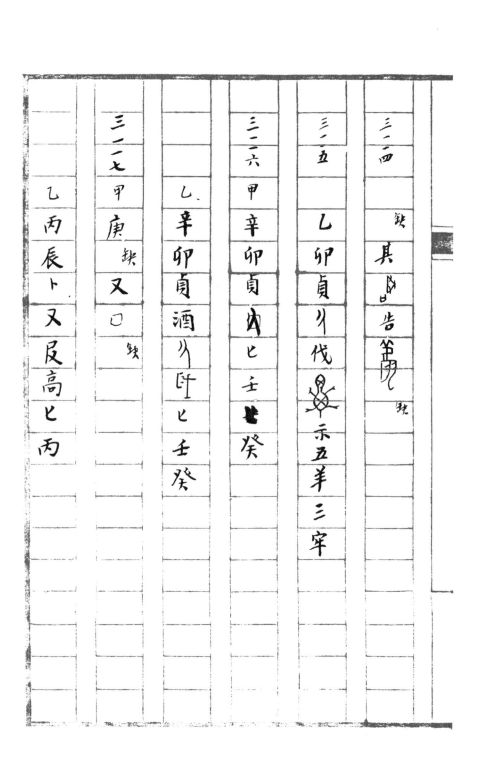

丙丙辰卜于來丙寅高匕囗

三一一八　貞卜缺米其米雨于[illegible]

三一一九　甲囗缺自缺

乚八宰

丙辛未貞酒示壬十宰示癸三宰

三一二〇　甲甲寅卜征奠且乙囗卯三牛五　用

廿

乙、缺豆二牛𠕋缺鬯世缺五缺

三一二一　甲己卯貞米自上甲六示

乙、缺貞缺□缺大

三一二二　甲、丙寅缺自上甲

乙、缺貞[illegible]缺羊于缺用

三一二三　甲缺不缺其□缺□缺

乙 缺 且乙卸

三一二四 口乙貞 缺 自且乙至 缺

三一二五 缺 貞王叀口 缺 羊于又口 缺

三一二六 缺 五叀三小牢

三一二七 甲午貞乙未酒高且亥 缺 羊五牛三且乙

羊 缺 小乙羊三牛二父丁羊五牛三匕壱

廿一

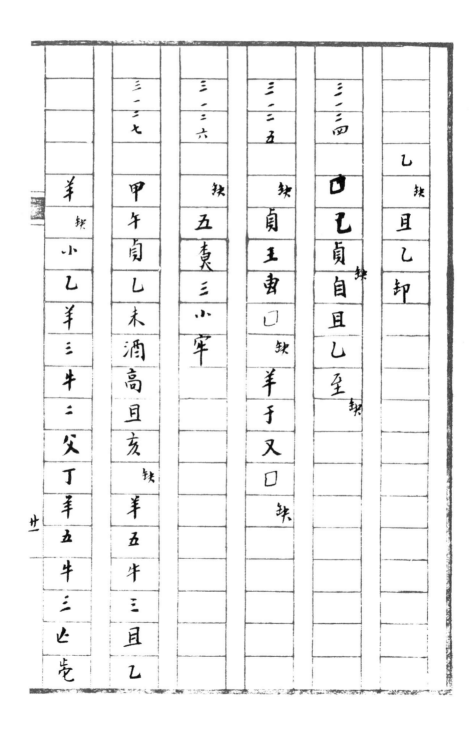

三一二八 甲申缺 四 缺 卯三 缺

乙 缺 牛

丙甲寅卜[illegible]彡雚卣口 缺

丁甲寅卜辛亥酒尞于夒三牛

戊口未卜口尞于父丁五宰卯五牛

三一二九 甲口子卜叀舊𥚸用

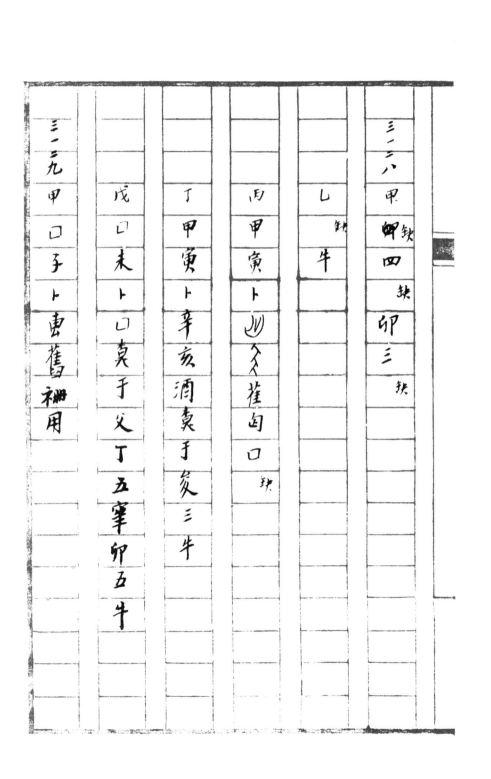

乙 鈇 于[illegible]父丁其彝丙

三一三〇

甲 癸丑三月一用一 鈇

乙 丙辰貞又羊伐于父丁茲用丁巳 鈇

三一三一

甲 己亥貞令王旋追𠂤方及于 鈇

旋字增口作[illegible]𠂤方疑即卜辭之人方亦增口

乙 己亥[illegible]告于父丁三牛

丙 力牛

廿二

三一三二 甲 癸卯缺王令缺

乙、矜行

丙 癸卯卜人方其出

丁 不出

戊 丙午卜百[illegible][illegible]告于父丁三牛

[illegible]从衣从屮未詳

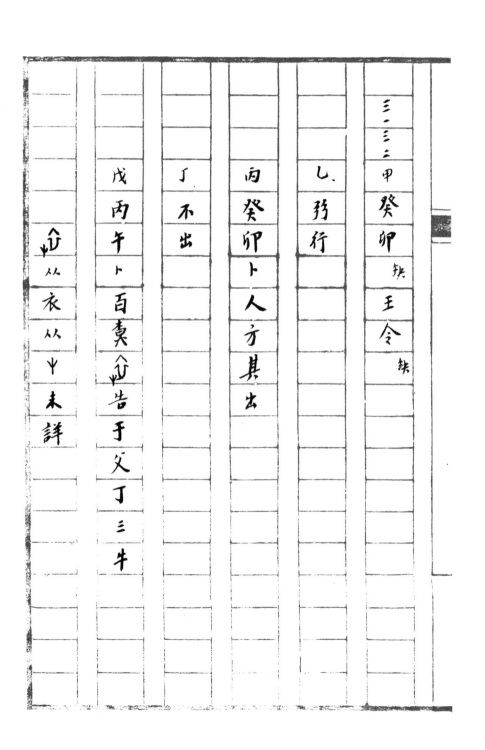

乙、其五牛

庚

庚戌犬征人伐　方

疑當讀為庚戌逐伐人方（羊征二字為合文逐字）

三一三三

甲 缺 貞[illegible][illegible]二南于父丁 缺 大乙（在）

乙 缺 [illegible][illegible]二南 缺 口（于）曰大乙 缺

卅三

三一三四

甲　壬辰卜𣎵自且乙至父丁

乙　壬辰卜𣎵自上甲六示

丙　丙申卜告于父丁牛一

丁　壬辰卜王令[illegible][illegible][illegible]

戊　口辰卜牧用[illegible]羊于父丁

三一三五

甲　癸缺貞缺步

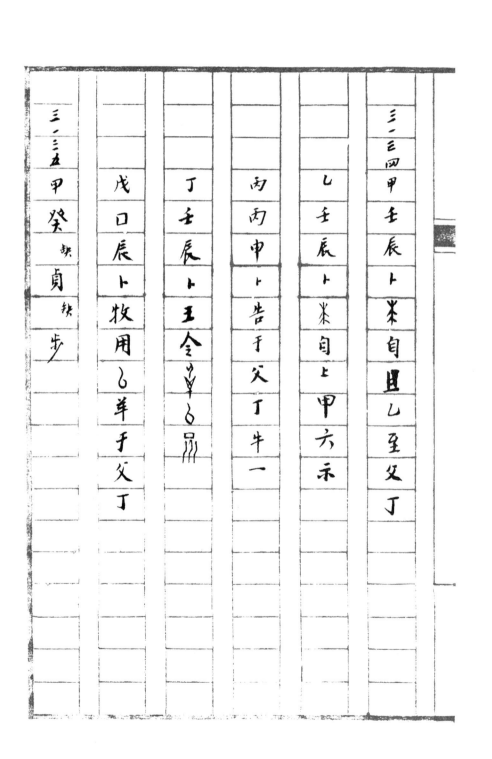

乙、徉步

丙　丙寅卜貞丁卯又彳[illegible]于父丁一牛

三一三六　甲缺貞其缺

乙、甲辰貞射[illegible]缺

丙　甲辰貞射[illegible]㠯羊一于父丁

三一三九　甲于父口米

卅四

乙
弜𠦪其告于十示又囚

丙
壬申卜𠦪于大示

丁
于父丁𠦪

戊
□酉𠦪于大示

三一三八
甲
[illegible]缺
迲□缺

乙
癸酉卜𠦪于父丁卅牛

丙癸酉卜□五大缺□于缺 米

三一三九 甲申貞其[illegible]三缺[illegible]于父丁

三一四〇 甲彡又

乙丁未卜父丁日攸

丙缺其雨

三一四一 甲彡缺皇缺三月缺

廿五

乙丙子貞父丁肜

丙不冓雨

三一四二

叀月九酒告于且乙父丁

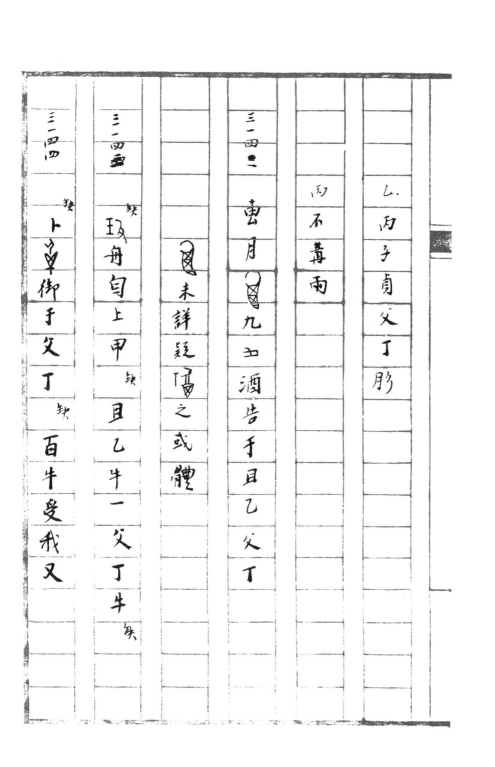

未詳疑之或體

三一四三

缺玫舟旬上甲缺且乙牛一父丁牛缺

三一四四

缺卜御于父丁缺百牛受我又

三一四五 甲、口申貞小乙日匕卷
乚缺匕卷

三一四六 甲 癸丑貞甲寅酒大御自上甲燎六小牢卯缺
乚茲用
丙上甲不雨冓大乙不冓雨大丁冓雨
酉庚申貞今來甲子酒王大御于大甲燎六

廿六

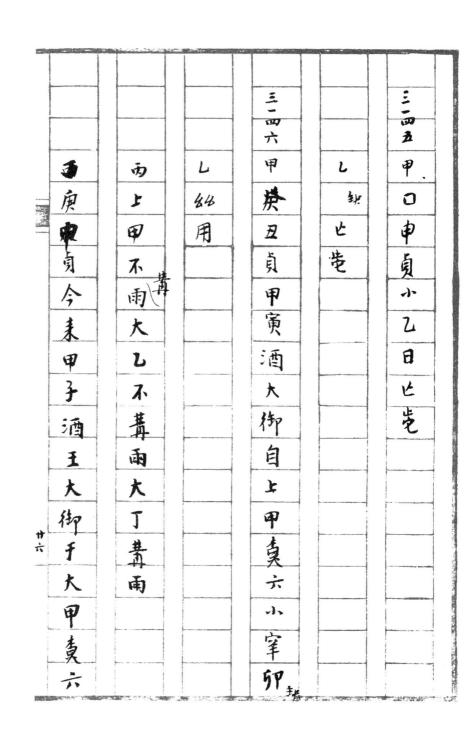

小宰卯九牛不冓雨

戊
庚申貞酒 缺
御 缺
冓 缺

己 缺
貞甲子酒王大御于大甲袞六小宰卯

九牛

甲
癸丑貞其告大乙米 缺

三一四七
巳
甲寅貞又中匚于 缺

丙
乙卯

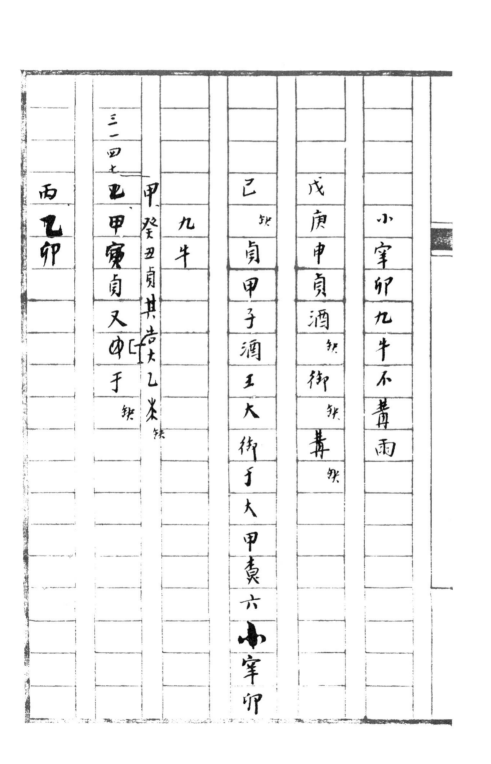

𠂤、丝用

戌、鈇卜今日雨

三一四八 甲辛亥（戊戌㞢）貞又𠬝于二示

乙羽又

三一四九 甲癸巳貞其冓 鈇

乙 鈇 𠦪于大乙三宰

三一五〇 甲□亥貞乇米于大丁大甲纮用丁丑 缺

乙 缺 乇米ㄋ大口 缺

三一五一 缺 口貞大乙日匕㞢

三一五二 甲癸亥 缺

乙豩又

丙一牛

丁一牢

戊二牛

三一五三

甲彡又

乙三牢

丙五牢

丁十牢

廿八

戊口亥貞又丩于回妣丙𢆶用

三一五四 甲弜又

乙弜又

丙己亥貞大庚日

丁不冓雨

戊不冓 缺 [illegible]

三一五五甲 酉卜𠦪禾于羔

乙 缺 羔匕 缺

三一五六 缺 于且辛𢆶用

三一五七 缺 午貞丁未酒ノ缺 自上甲囗 缺

三一五八 缺 貞其又匚于 缺

三一五九 庚申卜 缺 于且乙 缺

廿九

三一六〇 辛亥貞口缺[illegible]于缺

三一六一 甲 己未缺且乙缺

乙、其五牢

丙口未卜口㞢口于口乙口伐

三一六二 甲 庚寅貞高缺牛

乙 庚寅貞其告高且㚏于上甲三牛

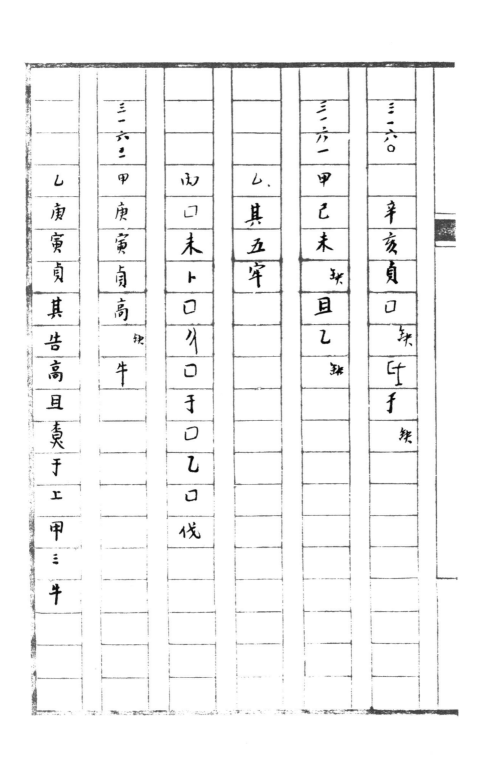

丙五牛

三一六三　甲又[illegible]于口壬不雨

乙、其雨

丙不雨

三一六四　甲、甲子（缺）貞又从伐（缺）

乙[illegible]（缺）酉貞王口午（缺）上甲三羊

卅

丙不用

三一六五　甲丙戌　缺

乙弜米禾

三一六六　缺　吁且　缺　口世牢茲用羌申吁歲雨不征雨

筱从羊从又殆羞字申歲二字未詳

三一六七　甲之月雨

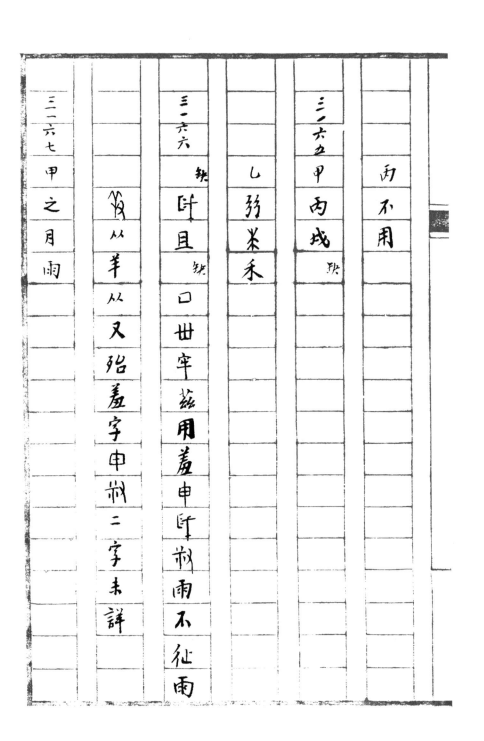

乙口未貞口徉卜雨

三一六八 缺 牛茲用丁卯

三一六九 甲弜又羊

乙 缺 羊

三一七〇 缺 亥其桒于大示受口

三一七一 甲三宰

卌一

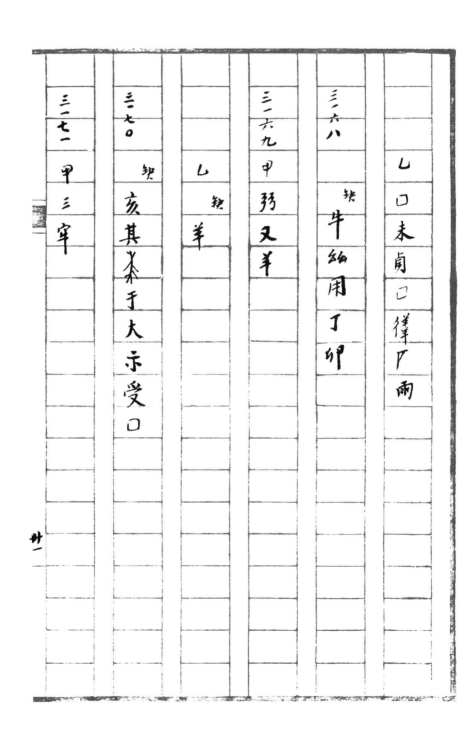

乙、甲戌貞大示勿牛

三一七二

甲丁亥缺

乙十牛又五

丙缺弜缺卯

三一七三

甲甲缺

乙、弜吉

古即古字卜辭借爲祜祭名

丙七牢

三一七四
甲[illegible]貞五牛

乙卯三牛

丙貞十牛

三一七五
缺
口斤二牢

卅二

三一七六

缺貞其戠于口缺

戠即三一六六片之戠

三一七七

辛未卜米于大示

三一七八

缺亥貞其尞于缺

三一七九

缺卯卜其米缺羊一

三一八〇

中尹

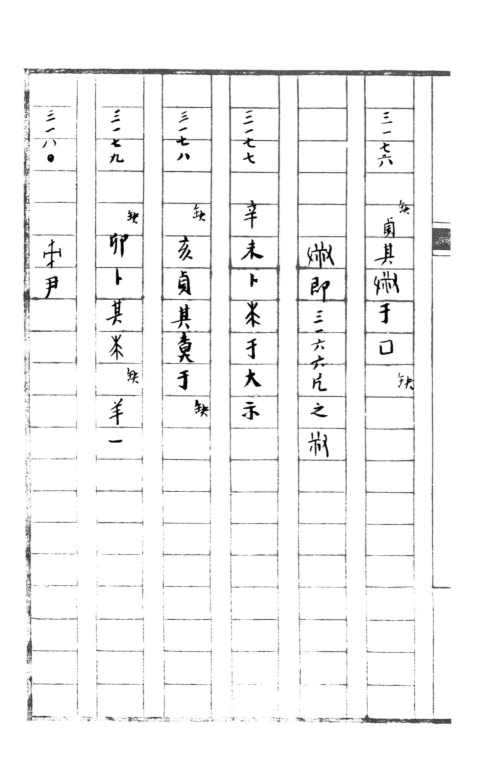

三一八一　丁酉卜王族以多子族立于古

三一八二　（缺）卜王令（缺）田于京

三一八三　甲米禾于口壬

乙其三羊

丙不雨

三一八四　（缺）貞米秊（缺）口于发口（缺）口（缺）

卌三

三一八五 缺告叒母口缺

三一八六 缺姐于缺

三一八七 于甲午酒

殷虛卜辭後編釋文

明義士類次

曾毅

三一八九 甲 丙辰貞其[illegible]𠬝

乙 丙辰貞佳[illegible]壱

丙 犾 在敖

三一九〇　缺卜力貞二宰

三一九一　甲缺酒于缺

乙酉缺戊貞辛亥酒彤缺自上甲在大宗[illegible]

殷人承繼法太半以弟繼兄為主以子繼父為輔據王觀堂所考在殷世無所謂宗法也然殷虛書契後編卷下第卅

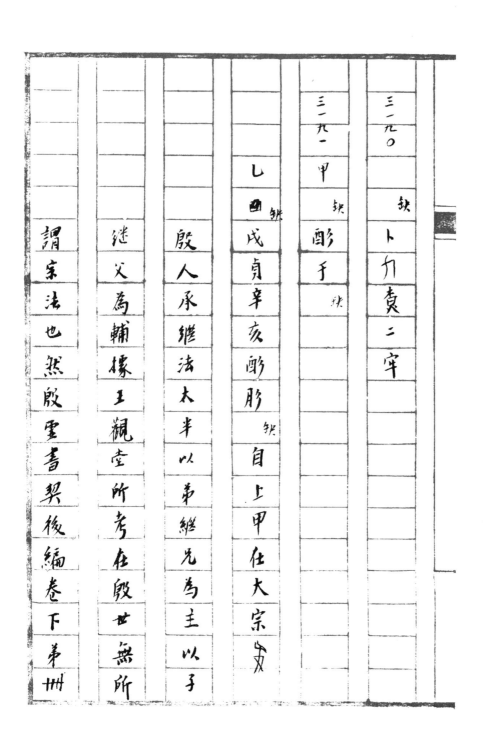

二業之十五片有「小宗」一名辭予曾疑殷世固亦有宗法也然所據者只「小宗」一辭而已不謂今「大宗」之名辭亦見卜辭中則殷世之（有宗）餘法又增一鐵證矣關于殷世之宗法予別有考

三一九二甲 缺 口㞢伐自上甲口 缺

二

乙□子卜

丙于甲子□

丁壬子卜叀

戊乙卯□

己弗□

三一九三

甲戌子卜𠦪禾于示壬

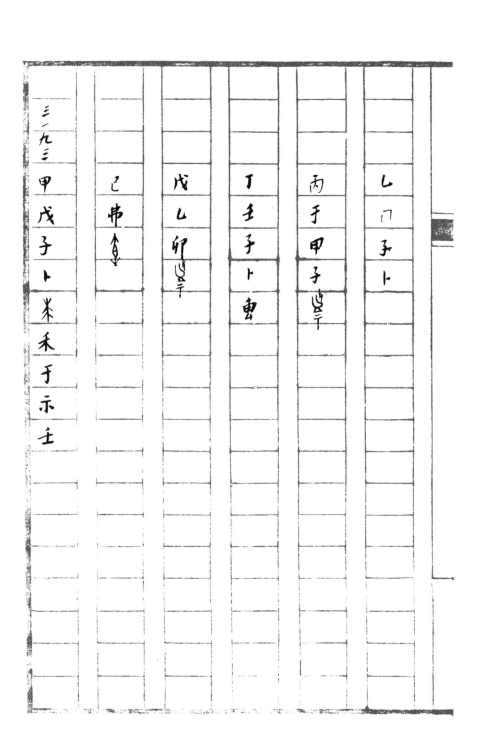

乙壬辰卜其冓雨

丙弗[illegible]

丁米禾于示 缺

三一九四 甲甲戌貞乙亥 缺 大乙牛一大丁牛一 缺

乙于十示又二米

丙丁丑貞米其[illegible]丁

丁缺米缺

三一九五 甲戌缺

乙弜貞

丙〼貞三牢

丁〼俎三牛

戊〼貞口其雨

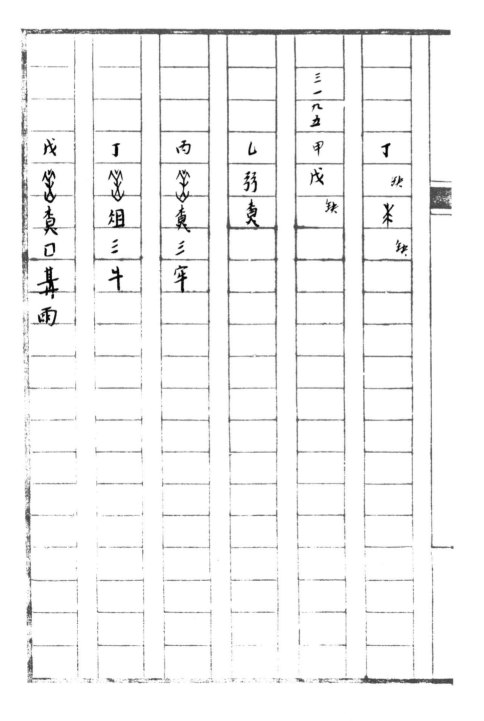

三一九六 甲卜沈二牛

乙卜下一空未刊

乙卜貞卯二牛

丙卜貞卯三牛

丁[illegible]貞卯二牛

戊[illegible]貞口口牛

四

三一九七 甲 己卯 缺

乙 叀十牛

丙 兄高祖叀酌

丁 缺 [illegible] 缺 兄 缺 酌

三一九八 甲 己酉

乙 己酉

丙乙巳貞[米]禾于高祖

丁乙巳貞[米]禾于[illegible]

戊缺酉貞缺今木缺行

三二九九 缺于且乙其二牛

三三〇〇 丙子貞其凡于上甲乙缺

三三〇一 甲甲缺

五

乙其缺

丙丁卯貞大丁彡亡壱

丁不冓雨

三二〇二

甲叀缺乙缺

乙兄至于且乙

丙缺兄缺牛

三二〇三

甲

丁未貞告其口于[?]五牢

乙

庚戌卜灣于四方其五犬

此爲四方之祭

丙

缺

丑卜

缺

乙卯

缺

二示

三二〇四

甲

缺

乙

缺

[illegible]

缺

口

缺

六

董作賓釋鱗

丙缺

缺匕戈

三二〇五

甲丙申缺尊用

乙、其一用人牛十又五

丙

丁酉卜自上甲戊用人

以上二条在用牲之外則兼人

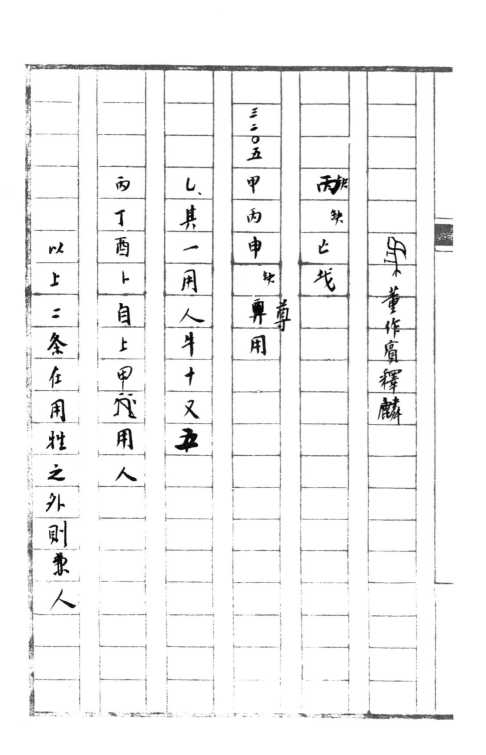

三二〇六 甲辛巳貞其 缺 自上甲冂衣

乙 缺 貞 缺 伐在 缺

三二〇七 甲[illegible]貞十小宰卯牛一

乙[illegible]貞十宰卯牛一

三二〇八 甲三牛

乙伊尹[illegible]十羊

七

三二〇九 甲[illegible]貞 缺 丝用

乙 弜卯

丙 缺 大牢

三二一〇 貞小乙肜口 缺

三二一一 甲 壬戌卜叀[illegible]先

乙 叀王亥先又

三二·一三

甲癸巳缺于[illegible]

乙丁酉貞又于伊丁

伊丁為人名與柳伊即伊尹丁作丁其

牢之甘[illegible]解與待考

丙弜又

丁缺未缺又缺丁

八

三二一三 兄至于且乙

三二一四 甲甲缺又缺大乙口缺

乙口冓雨

三二一五 甲甲午卜小乙其缺

乙丝用

三二一六 甲癸未貞其告于丁口

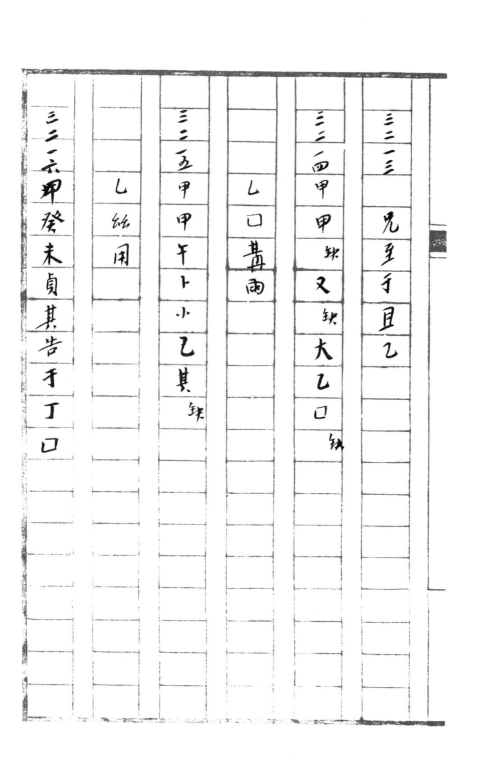

乚癸未卜酌𠂤

三二一七 甲丙子 缺

乚弜又

三二一八 癸未貞 缺 告且 缺

三二一九 弜告大口匕且

三二二一 甲丁巳卜其口于尼王

乙、己亥卜其征米

丙弜征米

三二二二甲戊辰卜其征兄己兄庚

乙[illegible]

三二二三甲戊辰□其又□于父□叀□

乙叀牛

三二三　丙戌辰卜其祉兄己兄庚歲

三二二四　缺　卜兄己歲　缺

三二二五　缺　□□卜其又歲于父戊

三二二六　甲弜又

乙戌子卜父戊歲叀牛

三二二七　甲丙戌卜祉歲于　缺

十

乙、弜征

丙　丙戌卜其征玨于中丁兹用

丁　戊子卜王往田于東畢

戊　辛卯卜王往田于東　缺

己　缺　鹿畢

庚　缺　囗畢

三二二八 甲 甲戌卜貞羊廿于㞢

乙、辛卯卜癸改壬辰改

丙 壬辰貞三月三珍

按此条與上二条對刊此文在下方

三二二九 甲 缺 貞米禾口 缺 沈三牛俎大牢 缺 月雨

乙 缺 口雨

十一

丙乙卯貞米禾于□叀二小宰俎三牛

丁口卯貞米禾口□叀三小宰缺俎牢

戊丁酉卜貞不□雨

三三〇甲乙未卜其又歲于高祖乙

□書□祝

□疑龜字

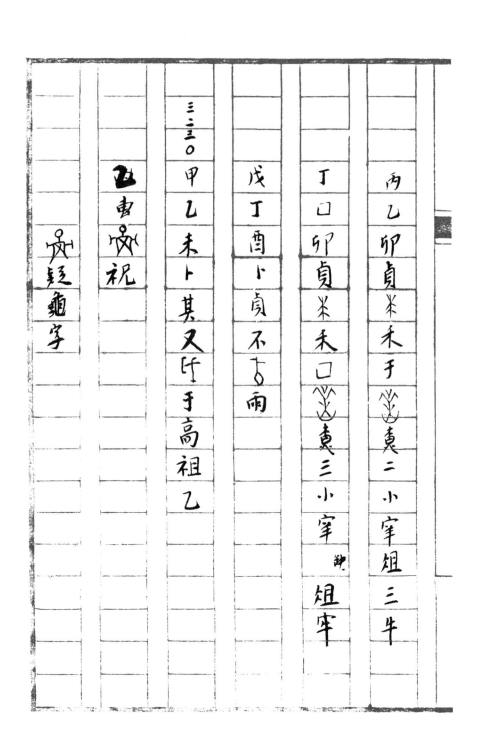

丙庚子

丁庚子卜王往田于白

三二三一 甲辛卯卜[illegible]肜耏其又于四方

乙缺口缺口

三二三二 甲甲寅卜又貞于丁

乙乙卯卜又貞于丁

十一

丙、寅卜

三二三三 甲甲子 缺

乙、彡又

丙甲子卜其又升于高祖乙三牢

丁 缺 牢

三二三四 癸酉卜其又于高 缺

三二三五 甲子 缺 高祖乙 缺 牢口 缺

三二三六 甲 乙 缺 王 缺 匕 缺

乙 癸巳卜 往 [illegible] 雨

三二三七 甲、 卯 烄 雨

乙、 叀 烄 雨

三二三八 甲 丁丑 缺 奚 缺

十二

乙、丁丑卜殳

丙缺□卜缺□

三三三九 缺高且□三缺

三三四〇 甲壬子卜其[illegible]米司魚

米即帝字通禘

乙丝用

丙丁室

丁于[illegible]

戊叀己又曰

己缺用

三二四一甲缺其焍匕庚在白缺

乙辛酉卜其焍匕庚其[illegible]

焍从帝从又疑即揥字[illegible]从内从鼎疑

十四

亦鼎字或鼒之省文

三二四二 甲丁巳卜

乙豩既宗

丙于來丁丑 缺 宗叀丁

三二四三 甲匕癸旺叀牛

乚牢

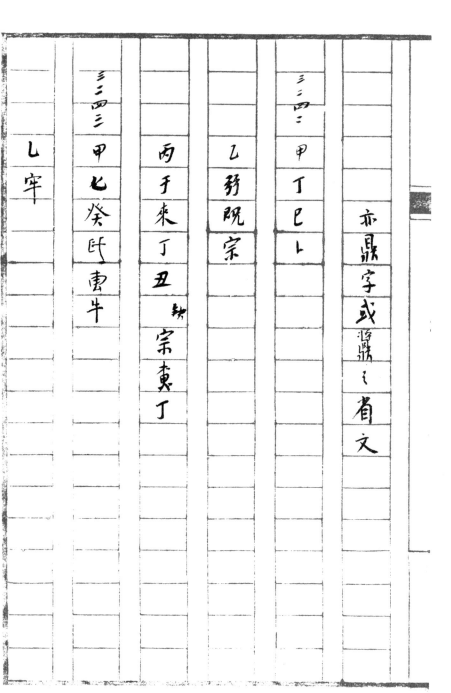

丙牢又一牛

丁二牢大吉

三二四甲[illegible]缺

甲丙申卜來缺丁缺又缺

乙辛亥卜文

丙壬子卜[illegible]

十五

丁戊戌卜缺壬子缺

戊戊戌卜烝

三二四五 甲乙未卜㞢至于大缺

乙、豸至

三二四六 甲戊戌卜征亦于匕己

乙缺王賓匕己亦

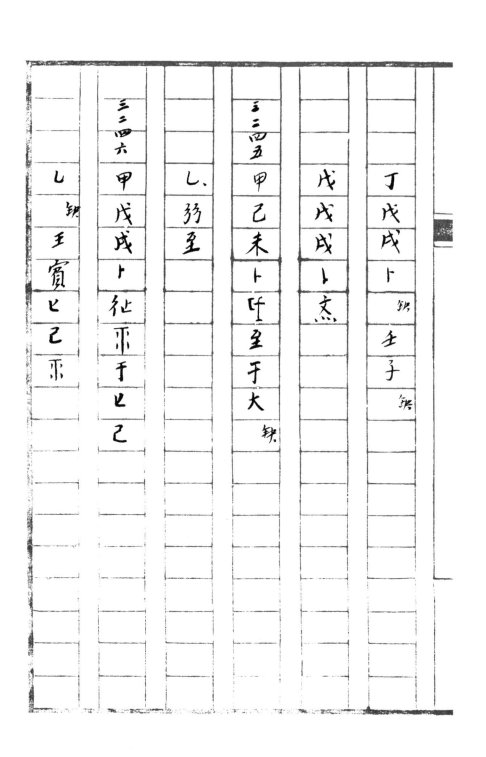

帀

三二四七　乙巳卜古至伊尹

三二四八　甲弜　缺

乙　癸丑卜上甲[illegible]伊賓

丙　弜賓

三二四九　缺　卜其告沚自𩵦祖丁

十六

三二四〇 甲弜射兹用

乙戊子卜其又斤于中丁王賓

丙知賓缺用

三二五一 甲弗畢

乙己丑卜王叀王匕𢍰畢

𢍰非犬字

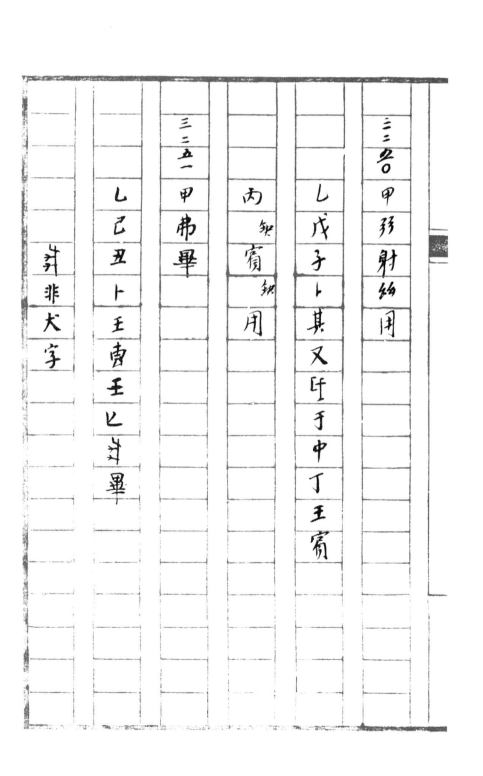

丙弗其畢

丁庚寅卜口往田缺畢

三二五二 甲丁未卜其又小丁王缺

乙缺吉

丙缺[illegible][illegible]

三二五三 ，缺其又乂仠自上甲冓翌日缺

十七

三二五四 甲戌戌卜王其囗 鉄

乙 鉄  鉄 父 鉄

 从虤从皿

三二五五 鉄 五叀伊尹

三二五六 囗辰卜王其遘雚又大乙彡 囗

三二五七 鉄 囗于叀今羊甲曰鼎 鉄

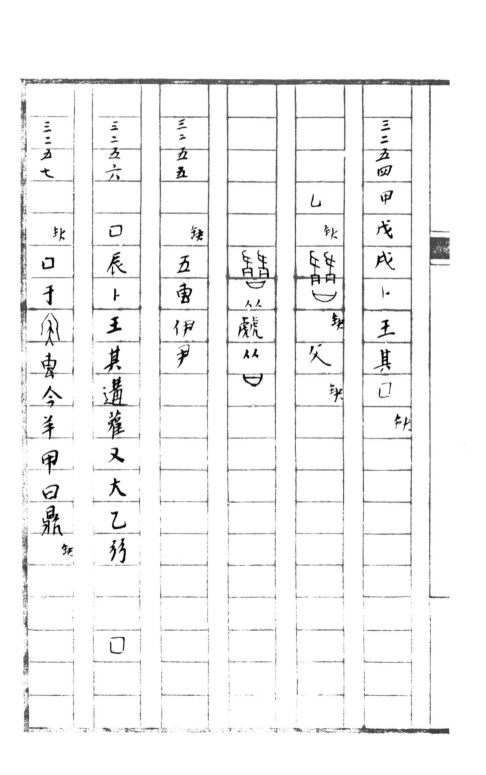

三二五八 缺 即宗于匕辛

三二五九 甲 王賓

乚 弜

三二六〇 𣏟于口小丁丬

三二六一 缺 日

三二六二 庚子卜咸于帝口 缺

十八

三二六三
于𧈧且乙

三二六四
甲𢎗𢼸又雨

乙其劉且辛伐又雨

丙𢎗劉

丁其劉且辛𤰔伐𤰔豚又雨

戊𤰔羊

乙其劉父甲[illegible]又雨

康祖丁之稱小辛爲且辛稱祖甲爲父

甲

庚口劉

三二六五　甲丁卯卜其㞢叀丁亥于父甲絲用

乙于匕辛

十九

丙子祖丁

康祖丁稱武丁曰祖丁

丁吉

三二六六

癸酉卜其米田父甲一牛

三二六七

甲其高 缺

乙在[illegible]

丙于父甲

丁于祖丁

三二六八 其高缺告

三二六九 甲癸酉卜于父甲桒田

乙小王父己

殷虛卜辭第二二二〇版有文一科曰

廿

缺之日缺小王缺大缺鉄云藏龜第九十葉之二文曰癸未卜缺囗小王缺與此文較則所謂小王者蓋兄父兄之未在而殂者于祭時則稱小王小王父己者康祖丁之諸父未在位而殂者也此条可補卜辭前編鉄云藏龜二科〻鉄義

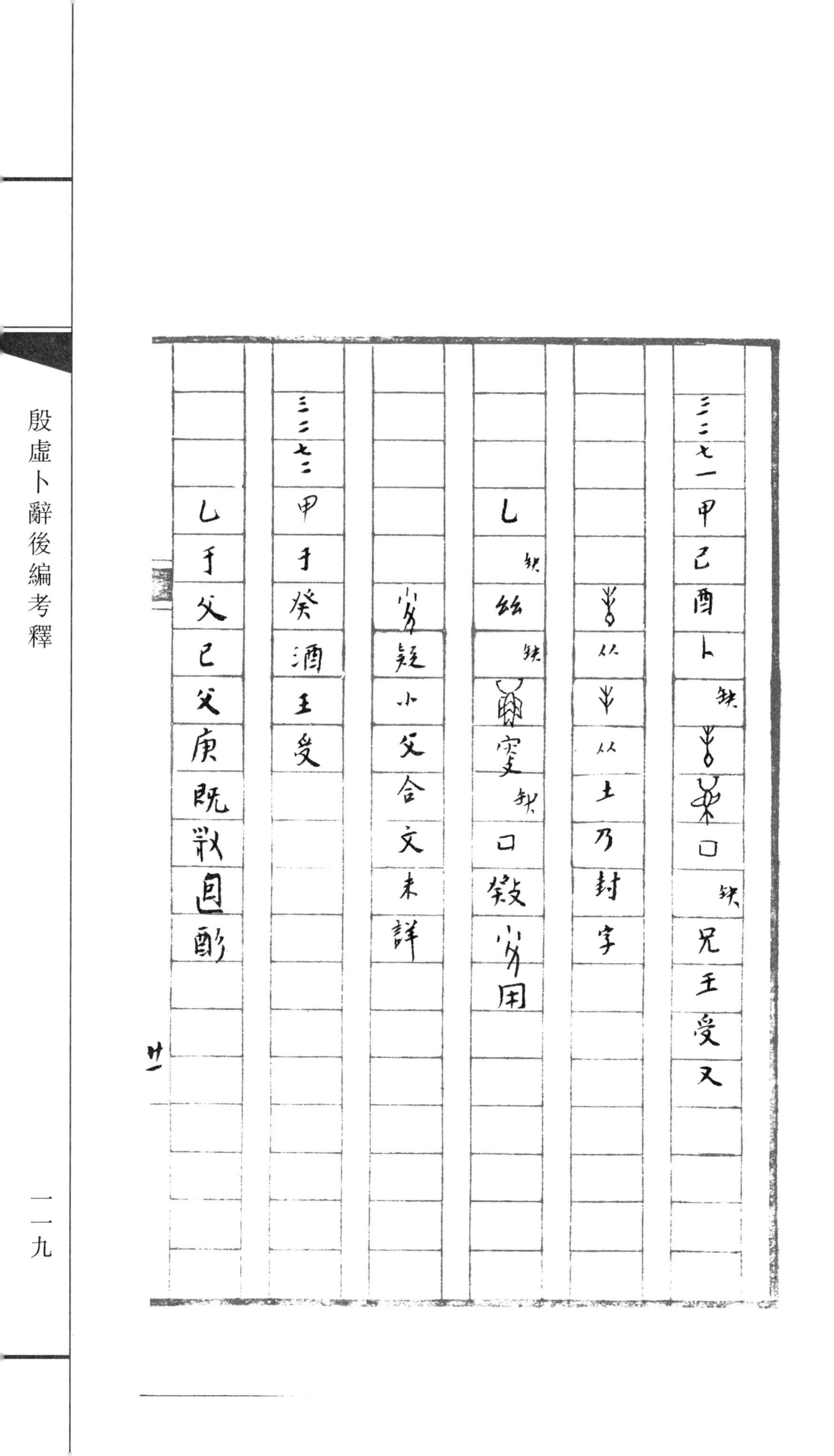

三二七一 甲己酉卜 缺 [illegible][illegible]口 缺 兄王受又

[illegible]从屮从土乃封字

乙 缺 絲 缺 [illegible]寞 缺 口㱿[illegible]用

[illegible]疑小父合文未詳

三二七二 甲子癸酒王受

乙子父己父庚既戩皀酌

廿一

父己孝己也父庚祖庚也𢼸疑亦祭字

肖內

丙⊕酌王受又

丁十眔二父酌

十眔二父未詳其義二父其指父己父

庚子

三二七三

甲父庚翌日

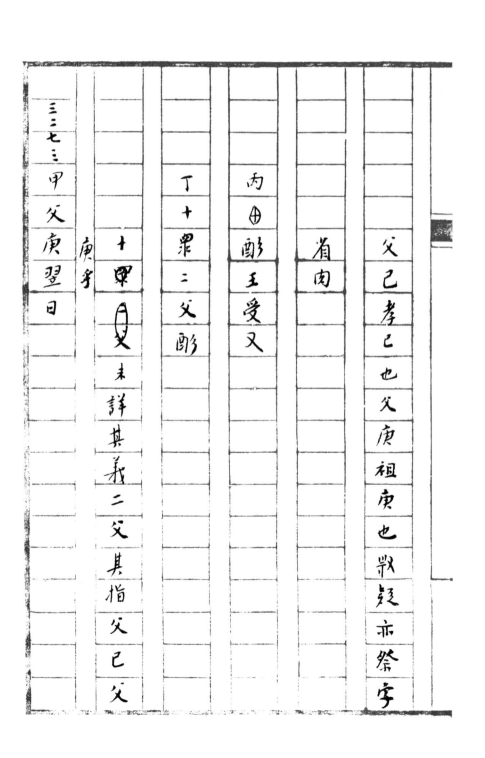

乙秌缺

三二七〇五 甲缺十人缺王受缺

乙辛亥卜兄于二父一人王受又

丙兄二人王受又

丁三人王受又

三二七六 甲丁卯卜王其又父己缺

廿二

乙[illegible][illegible]

丙叀牛王受又

三二七七

甲[illegible]祖丁父甲

祖丁武丁也父甲祖甲也

乙缺甲乙兄辛

兄辛廩辛也

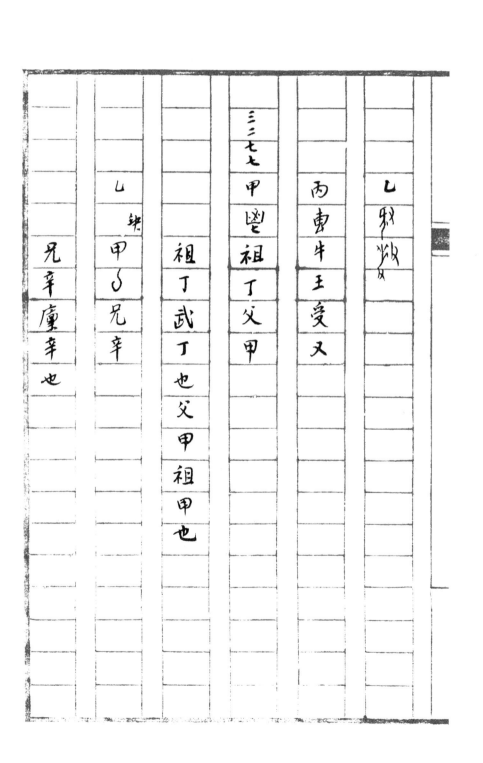

三二七八 己丑卜兄辛𢓊 鉄

三二七九 甲用又口 鉄

乙其[illegible]兄辛叀又車

[illegible]未詳

三二八〇 鉄 壬其又𢓊于兄辛

三二八一 甲己亥卜其又𢓊 鉄

乙其又𠂤于父甲酒宰

酒祭名疑亦福字

三三八二 缺其米于酒其射缺

三三八三 缺囗子卜其又米于酒

三三八四 甲于父缺日

乙壬申卜其𤊾叀豕 子癸

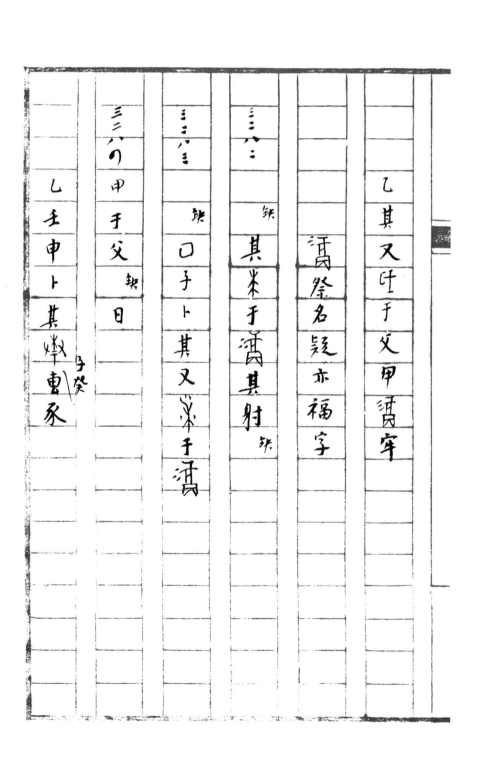

子癸明義士曰「子癸即兄癸為武乙之兄弟行參閱殷虛書契後編卷上第七頁」毅棄武乙之兄弟行史書之紀載無名癸者必未及位而殂故史缺書

丙叀牛

丁缺牢

廿四

三二八五 缺 卜其告于父甲貞 缺

三二八六 甲 辛酉彡日父甲

乚 缺 口 缺 受又

三二八九 甲 癸未卜父甲 缺

乚 弋王受又

弋乃代字未利橫書填實則成扗字矣

非十人合文

三二八九 鉄 肜日父甲又月[illegible]王受又

三二九〇 旨月以于父甲凵 鉄

三二九一 鉄 未卜父甲[illegible]月[illegible]冂

三二九二 甲 鉄 祖丁大以王其[illegible]父甲又 鉄

乙大吉

廿五

三三九三 甲 叀馬[illegible]

乙 叀小臣口

丙 叀小臣[illegible]

三三九四 甲 甲午卜古其至匕己祖乙奭又足

乙 吉

丙 弜至

丁其古匕甲祖辛爽又足

三二九五
甲于匕甲祖辛爽

乙于匕己匕庚祖乙爽

三二九六
叀小乙匕庚

三二九七
于匕庚叀[illegible]

三二九八
用[illegible][illegible]田于匕庚王賓

廿六

三二九九 甲匕己[illegible]王缺

乙大吉

三三〇〇 甲庚寅口其又[illegible]匕辛

乙乙

三三〇一 甲缺王其又匕庚[illegible]宗王缺

乙、大吉

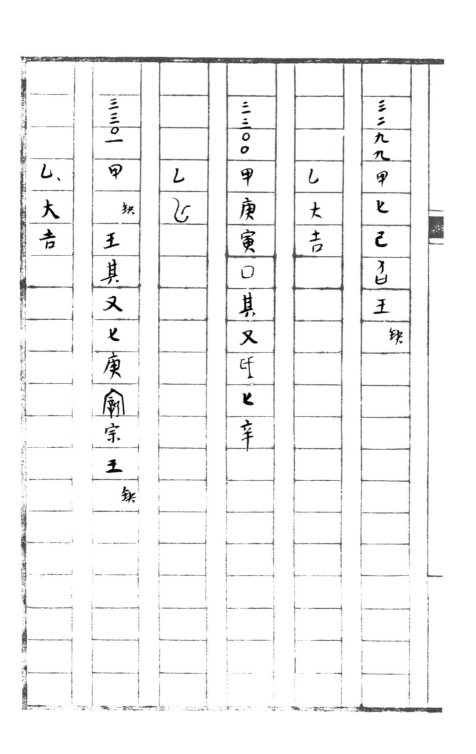

三三〇二 甲、甲 缺

乙、于祖丁宗王受（又）

丙叀二牢用王受又

丁弜用二牢

三三〇三 口宗

三三〇四 甲 己亥 缺

廿七

乚、缺宗缺受又

三三〇五 甲、缺中宗祖乙毓缺

乚吉

三三〇六 甲乙卯卜不雨[illegible]宗木[illegible]缺

乚吉

三三〇七 甲、己巳卜其[illegible][illegible]曹辛未缺

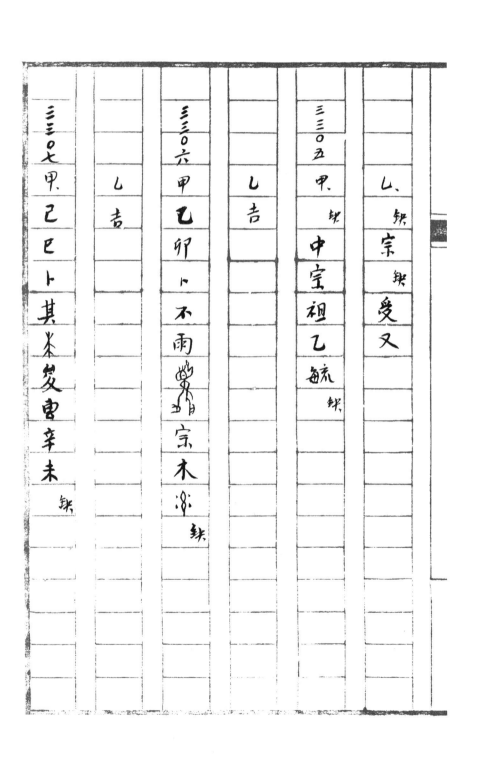

乙大吉

三三〇八甲辛未卜 然

乙[illegible]

丙其又从大乙羊十五人

丁人

三三〇九甲[illegible]

廿八

乙、其祉鬯小乙害翌日酌王受又

丙缺于來日缺酌王受又

三三一〇

甲

甲戌卜其又匚毓祖乙

乙、二牢兹用

丙

丁亥卜賓束弘兹用三牢

丁

弜弘

三三一一 甲、二酒翌 缺 乙眔祖乙 缺

乙巳卯于二酒叀牛

丙宰

三三一三 甲癸未卜其 缺

乙不昔

丙其又以大乙叀翌日乙酉酒

廿九

丁酉乙未酌

三三一三　甲乙巳卜叀小臣㞢克又𢦏口　鉄

三三一〇　甲祖乙　鉄　叀　鉄

乙　弜大子用其从父乙

丙　从其兄

三三一五　甲叀甲寅

乙叀甲戌

丙缺乙缺

三三一六　甲叀亥

乙[illegible]亥丝用

三三一七　癸未卜其又从上甲三牢

三三一八　癸丑卜其又从吐大乙伐卯二牢

卅

三三一九 缺其又从大乙其又缺

三三二〇 匕戊于翌日七斗

三三二一 甲其告祭大戊于中缺翌日口缺

乙缺[illegible]

三三二二 缺未卜其[illegible]母戊于缺牢

母戊作[illegible]戊

三三二三

庚缺祖辛缺其口缺

三三二四

甲

甲辰卜

乙、至祖丁彔王受又

丙缺亥卜王

丁、雷翌日癸亥[illegible]

三三二五

乙卯卜翌日祖丁凶缺

三三二六 甲吕缺卜祖丁月[illegible]缺

乙吉

三三二七 缺卜其[illegible]手祖丁酒

三三二八 缺卜祖丁其又月[illegible]缺

三三二九 甲弜缺月缺

乙月[illegible]雲牛

三三三〇 甲 癸亥 缺

乙 王既酒父丁翌日劦日彤日王廼安

[illegible]从三力當即劦字通協

丙 缺 日 缺 [illegible] 缺 用

三三三一 甲 癸丑 缺 大子 缺

乙、[illegible][illegible]

丙上甲史其兄父丁[illegible]

丁巛巳

三三三二甲壬辰卜其又兄癸叀羊王受又

兄癸

乙缺用

三三三三甲牢缺受缺

乙其又兄癸叀羊王受又

三三三四 缺 大乙大丁大甲其乍[illegible][illegible]明[illegible]豐庸又 缺

三三三五 甲亞其隮其豐

乙丙辰卜戊兹雨啓日

三三三六 甲其豐 缺 爵又口 缺

乙弜庸

卅三

丙缺豐迺歸

三三三七 甲叀缺𢊁缺

乙弜秋

丙其桒𢊁閔美又足

三三三八 甲亥叀美桒又足

乙令𢊁桒又足

三三三九 甲己未 鉄

乙、于宗

丙叀日攺

丁于入自日西攺

三三四〇 甲叀辛 鉄

酌

乙、其朱沝叀舊𨑂用于濬酌

卌四

未詳渝疑人名

丙其卽宗

三三四一 甲鈌獲口鹿其在上甲鈌

乙鈌吉在大宗卜

三三四二 甲吕鈌卜其祜祖甲叀舊𥜽牢又一牛

乙吉

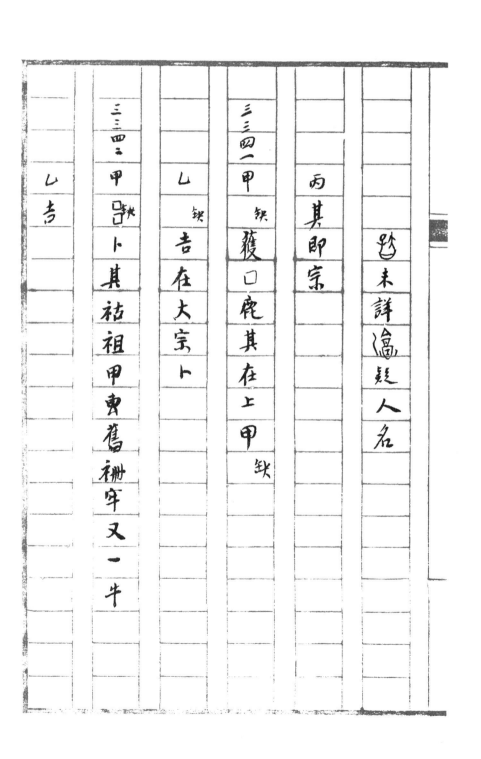

三三四三 甲其米年于□鼎 缺

乙吉

三三四四 吕 缺 卜其又羊匕庚三人

三三四五 甲巳巳卜其啟□□日牛人于匕辛

乙吉

三三四六 甲 缺 口 缺 上甲又 缺

卅五

乙其𠦪年上甲亡雨

丙缺汄先耏又雨

丁其口缺

戊大吉

己吉

三三四七甲[illegible][illegible]

乙弜缺受缺

丙其用舊[illegible]鞍[illegible]冊廿牛受年

丁田牛受年

戊其米年于[illegible]叀今辛亥酌受年

己缺辛缺[illegible]受年

三三四八 甲其米年于[illegible]比又雨

卅六

此从止从人疑此字

乙弘吉

丙子岳𠦪年此雨

丁其𠦪年于河叀牛用

戊叀牢用

三三四九甲其𠦪年缺河缺

乙叀大牢兹又雨

丙其𠦪年于方受年

丁于方雨㞢各米年

戊 缺 口叀 缺 小宰

三三吾 甲叀 缺

乙于来辛卯酌

卅七

丙其𠦪年于河叀舊子冊用小宰

丁缺□缺雨

三三五一

甲于缺

乙杈敕

丙缺□人于河三宰王受又

三三五二

甲庚辰卜其缺

乙亥卜殻

丙叀㞢宰

丁叀大缺

戊缺貞

三三五三甲丙辰缺

乙窂

卌、

丙叀朿牛

丁缺牛

三三五四

田己亥缺

乙[illegible]鳴

丙其又祖辛王受又丝用牢又牛

三三五五

田甲戌卜尹貞王賓歲禫亡囚

乙 貞亾尤
文丁山氏釋尤是也
丙 甲戌卜尹貞王賓大乙肜月亾囚
丁 貞亾尤在十月
戊 乙亥卜尹貞王賓大乙于亾囚

三三五六
甲 于匕庚缺奭告

廿九

乙于匕己祖乙奭告

三三五七 甲其米年于□丝有大雨

乙吉

三三五八 甲辛亥卜其米年于□王受(又)

乙大吉

丙缺口于止若

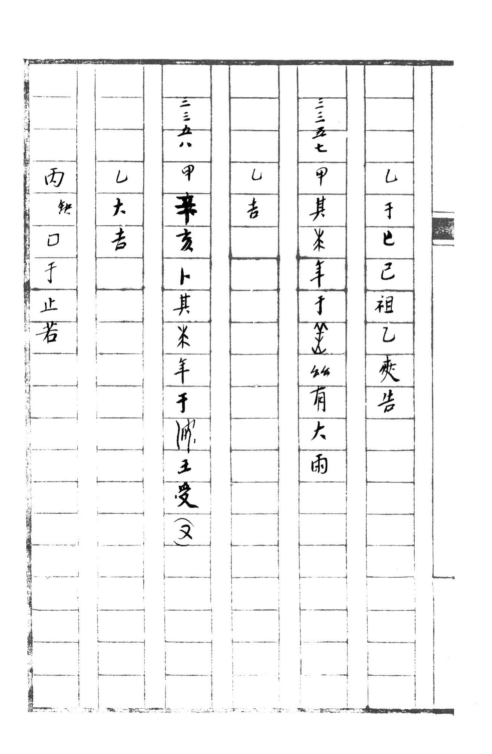

三三五九　甲缺亥卜王其又小乙王受（又）

乙大吉

三三六〇　甲呂[illegible]卜古鬻叀伊受又

乙叀茲祖丁鬻受又

三三六一　甲于祖丁

乙于祖乙

三三六二 缺 高匕口叀 缺

三三六三 甲旱匕 癸其吉王受又

乙 叀辟王受又

三三六四 甲 缺 王其又小乙牢一

三三六五 辛卯卜其冊匕辛

三三六六 缺 丁王受又

三三六七 甲其告匕辛叀小彘

乙叀羊

三三六八 甲□用

乙其又匕己匕庚叀小宰

丙缺小宰

三三六九 甲缺貞[illegible]缺史又雨

卅一

乙戊午卜[illegible]又口缺

丙己未由缺其缺

丁庚申卜其雨

戊戊缺其缺鼎

三三七〇甲叀小缺

乙叀牛

三三七一　缺　亦尸往弗若

三三七二　甲　缺　其（求）年于　缺

乙　吉

三三七三　甲　缺　翌辛[酉彡]

乙　吉

三三七四　甲　癸巳卜于　缺　戈

卌二

乙缺子方缺

三三七五 □缺巳卜戊王自缺

三三七六 □□缺卜翌日壬王其缺

三三七七 甲叀缺

乙叀小宰

三三七八 己酉卜王其缺

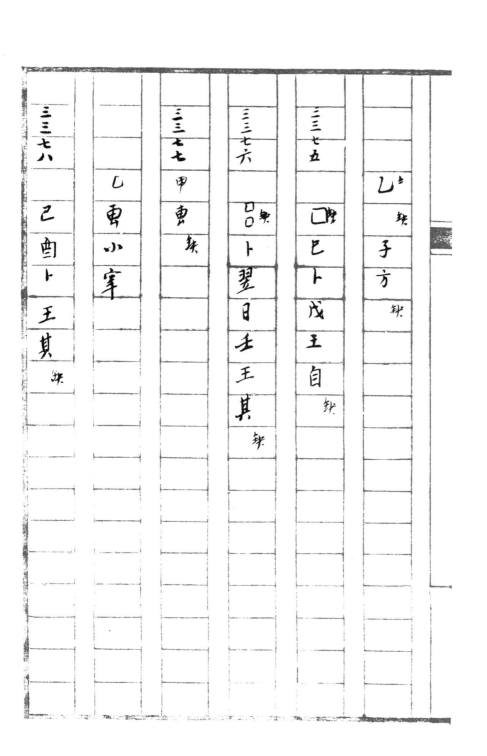

三三七九 辛巳缺

三三八〇 叀缺又缺

三三八一 己巳卜于缺

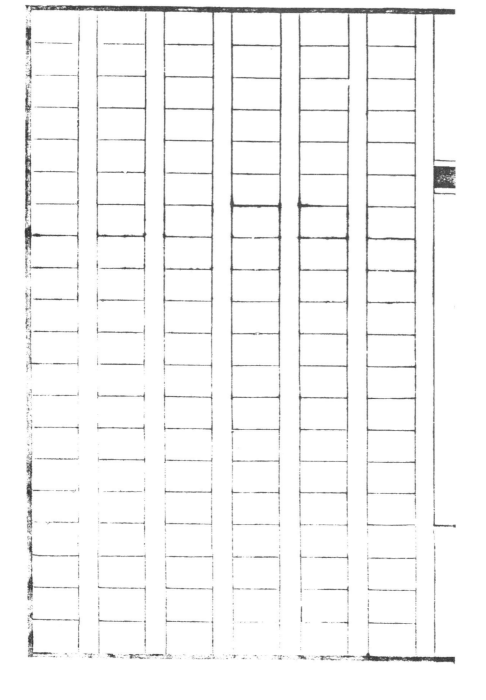

後記

上世紀中國學術界最偉大的進展之一是甲骨文的發現和對殷虛的發掘。陳寅恪先生在《陳垣敦煌劫餘録序》中指出：「一時代之學術，必有其新材料與新問題。取用此材料，以研求新問題，則為此時代學術之新潮流。」甲骨文的發現，給史學界提供了第一手的新材料，提出了新問題，從而推升上古史的研究和考辨。潮流所向，一時間大師相望，勝果爭攀。

甲骨學的巍峨深邃，一般人當然很難涉足。筆者於此，雖不能至，心嚮往之。繪事之餘，也關注文字的發展和流變。多年來自甲骨文、金文而下，直至唐代碑誌，持續觀摩、研究、臨習，在此過程中逐步感受中國文字緩慢的衍化和豐厚的積澱。

我生也晚，卻欣逢一個學習條件非常好的時代。不但許多珍貴資料的複製技術日新月異、突飛猛進，市場的開放，也使資料的獲取越來越方便。這就給有志于學者提供了條件。近年來，隨著全民對於傳統文化復興的期待，越來越多的人開始關注經典文化的載體——古籍善本。這一趨勢預示著傳統精神的回歸。

乙未冬於中國書店秋拍，在展陳的古籍善本中，筆者注意到一函兩冊手稿，內容為《殷虛卜辭後編考釋》之序及考釋。全部以工整娟秀的小楷寫就，字體恬靜無華，書氣滿紙。其中尤以甲骨例字的書寫古雅美奐，更非一般學者所為，作者必具深厚甲骨學養。書稿署名為明義士和曾毅。拍賣圖錄有小注，稱曾毅（曾毅公）與當代學界泰斗李學勤先生有關。筆者對於明義士略知一二，曾毅其人從未耳聞。因為在文物出版社出版畫冊之由，曾與李學勤先生公子李縉雲老師有過交往，乃詢諸縉雲老師，得到證實，李學勤先生青年時期即已謁見的曾毅公先生，確曾又名曾毅。李先生的這一意見，更增加我對書稿的認知。古籍造假難度很大，尤其這樣具備精深學術造詣的學人手稿更是難得。書稿散在眾多拍品中並不起眼，遂以不高之起價拍歸。

丙申陽春，經繆雲老師引見，得以拜會李學勤先生於其清華寓所。簡單的寒暄之後，即進入正題。關於這部手稿，先生感到很大的興趣，並事先為此準備了很多材料。正如先生在序言中所言，他在青年時期曾經筆錄過曾毅公先生寫在幾頁稿紙上的「殷虛卜辭後編序」，而當時並不知道這部手稿的存在。為了確定考釋等部分的內容，先生又從以往的出版物中尋找材料。語文出版社出版《「甲骨學一百年」成果之三——百年甲骨學論著目》中第五一四頁八五七三條有《殷虛卜辭後編敘言》，注為明義士所作，曾毅公英譯中，稿本，一九二八年。此當是據李先生早年依曾毅公先生那幾頁稿紙所錄。另外商務印書館出版李學勤先生著《通向文明之路》第八四頁有《明義士對一坑卜骨的整理》，所引用序言和釋文內容與此手稿所錄完全相同。手稿的出現，令李先生大為興奮，繆雲老師提出來希望把手稿影印出版，先生慨然允諾撰文介紹。

期間，聽說李先生曾住院手術，然而始終沒有停止對這部手稿出版的關注，並以極大的毅力和熱情，出院後很快完成序文的撰寫，對於書中各部分内容都有非常切實而審慎的探究。在當今學界，李先生以學養豐贍、治學嚴謹和著述勤奮著稱，他的序言，更能説明這部偶然發現的、將近一個世紀以前的手稿具有很高的學術價值。

范曾先生對於李學勤先生非常推重，他在認真閲讀李先生序言之後，欣然題寫書名。

今《殷虚卜辭後編考釋》曾毅公先生手稿即將影印出版，學界幸事。劉波何幸，得逢其盛，前輩學人導夫先路，其孜孜探求的精神會成為一筆豐厚的財富儲藏心底，成為我輩懷酹計程、拾級而上的動力。

丙申溽暑荷生劉波記於北京歸園